寺院映现的中国

张伟然 著

上海文艺出版社

出版者的话

作为人类四大古文明之一,华夏文明是世界上唯一没有中断并持续发展到今天的文明体系。这一文明体系发源于中国这片土地,在这片土地上发展壮大,立足于这片土地,敞开胸怀接纳吸收来自全人类的优秀文化元素,并不断向周边国家乃至全球传播,在对外交流中又进一步得到完善,从而形成了当今中国的文化面貌,也塑造着我们华夏民族优秀的精神品格。

对这样的文化,我们完全应该有充分的自信。而文化自信,是一个国家、一个民族发展中最基本、最深沉、最持久的力量。为此,我们决定组织编写这套"九说中国"丛书。

"九"这个数字,在中国传统文化中有着特殊的象征意味。在古时,九为阳数的极数,又是大数、多数的虚数,所以,既可以表示尊贵,也可以代表全部。据《尚书·禹贡》所载,大禹治水,后来称王,将天下划分为徐州、冀州、兖州、青州、扬州、荆州、豫州、梁州、雍州等九州;后来,九州可以代指整个中国。青铜器有"九鼎",成语"一言九鼎"表示说话有分量。"九"还与"久"谐音,有长长久久、绵延不绝之意。

"九说中国"系列丛书在体例上力图打破传统的学科界限和历史分期,从文化表现的角度着眼,系统展示华夏五千年文明的核心元素与基本样貌,凸显中国思想的博大精深、中国文化的源远流长、中国精神的丰富多彩,进而揭示华夏文明所具有的独特气质和深刻内涵,展示华夏文明的兼容并蓄和强大生命力。

中华优秀传统文化需要创造性转化,需要创新性发展;转化与发展最终一定是从实处、细微处生发出来。"九说中国"系列丛书邀请对中国文化素有研究的学者,从承载中华优秀文化的诸多细小的局部和环节入手，从最能代表中国气质、中国气象、中国气派的人物、事物、景物、风物、器物中，选取若干精彩靓丽的内容，以生动的语言和独特的叙事方式，描述华夏传统的不同侧面，向读者传达中华优秀传统文化的精气神。

"九说中国"系列丛书将分辑陆续推出，每辑九种。第一辑九种书目，涉及文字、诗歌、信仰、技术、建筑、民俗日常，并推究建立于其上、传承数千年的华夏观念。为了让海外读者有机会了解中国文化的博大精深和丰富多彩，本丛书在适当的时候还拟推出多种语言的国际版。

上下五千年，纵横一万里。"九说中国"系列丛书力求涵盖面广，兼顾古今，并恰当地引入中外比照；做到"立论有深度，语言有温度，视野有广度"，同时用当代读者喜闻乐见的表达形式加以呈现。

当然，丛书的编写是否达到了策划的预期，还有待读者诸君评鉴。欢迎各位随时提出批评改进的意见和建议。

目录

前　言 / 001

一　庭院深深深几许　汉化寺院的构成 / 001

二　起愿即是道场　四大佛教名山 / 033

三　天下名山僧占多　各地佛教胜迹 / 087

四　南朝四百八十寺　历代寺院分布的变迁 / 133

五　更向何处度此生　寺院与社会生活 / 175

六　桃花源与竹林寺　寺院与佛教传说故事 / 225

七　人人避暑走如狂　佛寺作为古代城市公共空间 / 267

八　姐儿打扮去烧香　佛寺与明清江南妇女生活 / 299

九　东西南北随缘路　地理环境与中国佛教宗派形态 / 333

主要参考文献 / 352

前　言

　　古话说："世间好语佛说尽，天下名山僧占多。"简单两句话，道尽了佛教与中国传统文化的渊源，也点透了佛教空间与地理环境之间的关系。

　　佛教原本是外来文化。它在公元前后传入中国，直到西晋，一直只在局部地区、社会上层之间流传。直到东晋以后，佛教几乎突如其来地迅猛覆盖到南北各地域，普及到社会各阶层。南北朝时期形成学派，隋唐时更是形成很多宗派。宋代以后，逐渐与中国传统文化合流。这一道西天大餐，中土人经过三百年观望，三百年狼吞虎咽，三百年细嚼慢咽，终于把它变成了自己的营养，直到今天。

佛教带给中国文化的影响实在太大了。不要说一些民间信仰、社会习俗，就连一些传统的思想观念，都深深地打上了佛教的烙印。最关键的是，佛教甚至重塑了汉语的很多语词。有研究表明，如果把日常生活中源于佛教的语词删除，我们很可能连话都说不囫囵。

作者以历史地理为专业，由于对文化问题感兴趣，从 1980 年代末开始，陆续做一些佛教地理研究。佛教地理自带历史属性，因而这一研究完全可以说是历史文化地理领域的一部分。早在上世纪三四十年代，关于佛教地理的研究就非常兴盛，之后虽经三十多年冷落，1980 年代以后，这一研究重新起步，21 世纪以来，已经呈现出崭新的面貌。

大致说来，传统的佛教地理研究基本上是出于治史的需要，对佛教的空间形态作一些复原。从时代上看，多偏重汉唐，因为那是中国对佛教的受容，以至中国佛教发展的高峰期。至于宋元以后，由于佛教内部的发展已经停滞，其空间状况则不受重视。进入 21 世纪以后，佛教地理研究的视角出现了一个重要转换，那就是抛开佛教内部的视角，而从外部如历史学、地理学、社会学、生态学的视角来看。宋元以后，佛教与中国人、与中国这片土地之间的关系并没有停滞，它对于中国社会一直在起作用。既然如此，这一时段的佛教地理同样值得研究。而且，这一时段对于了解中国社会、中国文化如何从古代一步步走到近现代，具有更为直接的意义。基于此，明清以降特别是晚清至民国时期的佛教地理研究也就蓬蓬勃勃地发展了起来。

本书旨在从空间角度，揭示佛教与中国传统文化之间的关系。共分九章，循序渐进。前五章属于基本常识，大体可以反映传统佛教地理研究的粗线条样貌。后四章则基于我本人近二十年的研究，窃以为，它对于了解中国传统文化，应该是不无裨益的。

诚然，本书并非严格的学术专著，只希望对一些感兴趣的读者有帮助。如果有哪位读者愿意一起来交流探讨，那真是一件令作者无比欢喜的事。

壹 庭院深深深几许

汉化寺院的构成

寺院

寺院是汉语对佛教的宗教场所的通称——也可以说是雅称,因为在口语中,它也往往被称为"寺庙"。

如果考虑到历史上,寺院在文献中的别称可就繁多了。梵刹、伽蓝、道场、佛刹、净刹、精舍、兰若、丛林,都还是比较常见的,甚至还有人用檀林、绀园、旃檀林、净住舍、法同舍、出世间舍、金刚净刹、寂灭道场、远离恶处、亲近善处、清净无极园等描述性称呼。

称呼虽然有这么多,但最基本的还是一个"寺"。这里有必要先说一下这个名称的起源。

"寺"起先是中国古代对于政府部门办公场所的称

呼，类似于后来所谓"衙门""机关""办公室"之类。两汉之交，佛教从西域传入中国，因之有不少西域的僧人传法东来。外国人来了，当然归负责外交事务的部门鸿胪寺安排接待，于是乎，僧人安置的地方也就被称为"寺"。久而久之，佛教大盛，政府部门的办公场所不再称寺，它倒成了僧人居住、经像安置场所的专称了。

至于"院"，它本来是四周建有围墙的意思，将它用作佛教建筑的称呼，始于唐代在长安慈恩寺为玄奘所建的翻经院。到了宋代，这一名称大为普及，官立的大寺有不少被称为院。

一般来说，"寺"和"院"是有所区别的。"寺"是总称、通称，而"院"则往往指"寺中别舍"，即寺的组成部分。一个寺可能包含若干院。当然，也有一些独立的佛寺被称为"院"，但终究不如"寺"那样普遍，而且其规模往往比寺小一些。

中国最早的寺院，是东汉明帝时创建于洛阳的白马寺。从那之后，在当时一些重要城市如建业（今南京）、广陵（今扬州）、彭城（今徐州）等地陆续兴起了一些寺院。但直到西晋时为止，寺院的数量都相当有限。

发展的契机出现在西晋末年。那一次的社会大动荡史称——永嘉之乱，堪称整个中国历史发展的一大转折。晋王室带着大量衣冠士族流亡到江左，凭借着南方这半壁江山建立起东晋。当时中原百姓也大量南迁，形成中国历史上第一次北方人民大南迁的浪潮。而北方，则出现了纷纷扰扰的五胡十六国的局面。

真是说不清到底因为什么，就在那样一个干戈四起的岁月，突然间，佛教就像汽油碰着火星，呼的一下就全面铺开了。

可惜历史上并没有留下对寺院的统计数据。事实上当时也不可能存在类似的统计。唐代僧人法琳在其所撰《辩证论》中，提供了一套从东晋以后各朝代的寺院僧尼数据，可以让我们大体观察到一个发展趋势。其中，寺院数据如下：

南方：东晋 1768；宋 1913；齐 2015；梁 2846；陈 1232；后梁 108。

北方：北魏30900；北齐43；北周93。

隋朝：隋文帝时3792；炀帝时3985。

这些数据的来源不得而知，其可靠性当然有待考证。不过，发展的趋势应该说倒也差不离。需要指出的是，这些数据的性质并不一致。其中，北齐、北周的两个数据都源于皇家立寺。估计后梁的数据也如此。

到了唐朝，唐后期会昌灭佛（845）前曾对天下寺院有一次"检括"（即统计），当时天下的寺有4600所，另外还有兰若40000所。这个数据是运用政府的行政力量得出的，应该讲可靠程度相当高。这些寺院在"会昌法难"中受到很大破坏，但之后不久又得以恢复。就寺院的总体数量及地理分布格局而言，这以后基本上没有太大的变化。

有变化的只是寺院的内涵。

这里面牵涉到对寺院的分类。上述唐代寺院数据中已经透露出了一点信息：当时既有"寺"，又有"兰若"。这是唐代以前对寺院最重要的区分。当时虽然按照寺院的创建由来以及经费来源而有"官寺"与"私寺"之别，但说到底，寺院的差别只是规模。大的、正规的是"寺"，小的、简陋的为"兰若"。

显然，上述《辩证论》中北魏寺院数量30900，它是包含一部分"兰若"在内的。当时有人在上奏中称：

> 今之僧寺，无处不有，或比满城邑之中，或连溢屠沽之肆，或三五少僧共立一寺，梵唱屠音连檐接响。

这种局面，显然不是那一时、某一地所特有的，应该反映了那个时代普遍的状况。

唐代禅宗的兴起为寺院的内涵分化注入了活力。禅宗称寺院为丛林、禅林、禅阁等。会昌灭佛后，诸宗衰微，唯禅为盛，很多寺院出现了专修禅宗的局面。于是，渐渐地也就出现了禅寺和教寺的区分。五代时，吴越王钱镠（907—932在位）将江南的教寺改为禅寺。到了宋代，且有"五山十刹"之制。

五山十刹又作五岳十刹、五岳十山，为禅林官寺制度中最高与次高的寺院，享有免税等特权，由史弥远奏请而创设于南宋嘉定年间（1208—1224）。五山即：（1）兴圣万寿禅寺（杭州径山），（2）景福灵隐寺（杭州灵隐山），（3）净慈寺（杭州南屏山），（4）景德寺（宁波天童山），（5）广利寺（宁波阿育王山）。十刹指：（1）中天竺山天宁万寿永祚寺（杭州），（2）道场山护圣万寿寺（湖州），（3）蒋山太平兴国寺（南京），（4）万寿山报恩光孝寺（苏州），（5）雪窦山资圣寺（宁波奉化），（6）江心山龙翔寺（温州），（7）雪峰山崇圣寺（福州），（8）云黄山宝林寺（浙江金华），（9）虎丘山云岩寺（苏州），（10）天台山国清忠寺（浙江天台）。后来，天台教院亦设教院的五山十刹。这些寺院都分布在东南一带。

元、明时期，将寺院统一区分为禅寺、讲寺、教寺三类，法派与寺院之间形成固定的对应关系，世袭罔替。其中禅寺之"禅"，指禅门各宗；"讲"则指天台、华严诸宗对佛教教理的讲说；而"教"则专门指诵念真言密咒、演行显密法事仪式。这种状况一直通行至近代。

不过，近世以来，由于佛教整体力量的衰微，各宗派也渐渐地有名无实。其分类标准更重要的是"丛林"（或称"十方"）与"子孙"。前者是传贤，后者则只传法子法孙。前者属佛教共同体所有，可以开堂传戒，接待外来僧众；而后者则是某些特定僧众的私产，不接待云游僧众，甚至可以以某种代价实施转让。

当然，以上都是就佛教文化而进行的分类，如果考虑到依止的僧众，则显然，寺院还可以分为僧寺和尼庵两类。唐宋以后，某些大寺院为了照顾异地的事务，往往还有别院、下院的设置。无疑，那些佛教建筑在建制上并不具备独立作为寺院的资格。

从理论上说，中国早期的佛寺建筑，沿袭了它在印度的布局形式。即，多在中央设一个方形的佛殿，殿外建僧房围绕，殿内则在正面安置佛龛。到后来才逐渐呈现出民族特点，形成新的面貌。但目前我们所能见到的，大抵都是晚近的实物，最早的不过唐代。而且，由于中国自然环境的限制，建材多以木料为主。这一点，与中国传统建筑的总体特点是一致的。

尤其能够体现佛寺建筑与中国传统建筑血肉联系的是，中国古代有很多寺院是由某些高官大户"舍宅为寺"而来。因而寺院与传统民居建筑的布局原则并无明显区别。

传统民居建筑的布局包括廊院式、纵轴式、自由式，因而寺院的布局大体也不出这几种形式。

廊院式应该是出现最早的一种布局形式，它的结构最为紧凑。它的特点是在每一座佛殿或佛塔的周围建筑环绕的廊屋，形成一个个独立的院落——如果某个寺院足够大，当然可以拥有若干个院落；而每个院落则根据所崇祀的主神或主要建筑物标以不同的名目，如观音院、弥勒院、塔院等。这当然是最符合中国传统建筑思路的一种布局形式。

自由式显而易见堪称另一极端，它的特点是一切见机行事，不拘泥于任何固定的法则。这种形式往往多见于地形变化较丰富的地区。但是这种布局绝不是乱来，它往往在不对称中求均衡，于变化中求统一。因而总体上看，各部分仍很协调，别有一番情趣。

纵轴式则介于上述两种之间。它是将主要的殿堂布置在一条纵轴线上，一般顺序为山门、天王殿、大雄宝殿、藏经楼等，每个殿堂的前方或左右各配置一些配殿，由此形成四合院或三合院的布局。佛塔的位置则根据具体情况随机应变，或在院落之前，或在之后，或在附近。这种布局最大的特点是排列很规整对称，很方便香客有层次地欣赏。

佛寺的主要建筑一般有"伽蓝七堂"之制，这是寺院平面布局的典型。它渊源于印度，但传入中国后有诸多变化。一般指山门、佛殿、法堂、僧堂、厨房和浴室、厕所。虽然这七堂并非佛教某一宗一派所独有，但主要是在禅宗的大力提倡下才得以推广普及的，当然也因宗教礼仪和教义的不同而有种种细微的差异。

考虑到佛寺建筑和法物设施千差万别，以下分山门、各殿、佛像三个部分分别加以叙述。

山门

山门也就是整个佛寺的正大门。因寺院大多居山林之中，即使建于平地、市井，亦有远离尘嚣、托诸山林之志，故亦称山门。

山门显而易见是佛殿组织中极其重要的一环，一般有三个门，故亦称"三门"。

三门并立，各有含义。居中的为"空门"（空解脱门），左侧为"无相门"（无相解脱门），右侧为"无作门"（无作解脱门），总称"三解脱门"。意思是一入此门，即可得解脱。古人常称某人出家为"遁入空门"，亦取义于此。

一些大的寺院如杭州灵隐寺,山门有两道。其第一道山门称外门,在外门与第二道山门之间安排着形状不一、大小不等的放生池,因为其中多种莲花,又称莲池。

山门通常盖成殿堂式,称"山门殿"或"三门殿"。殿内的塑像一般是两尊金刚力士,属护法神"天龙八部"。金刚力士手执金刚杵,又名"执金刚"。实际上也即俗称的"夜叉"神。还有人称之为"哼哈二将"。

由于职守所关,这"哼哈二将"虽然面貌雄伟,但都怒目作嫉恶如仇状,俗语"怒目金刚"是也。他们头戴宝冠,上半身裸体,两脚张开,所不同的只是左边的金刚怒目张口,手中的金刚杵作击打之势,而右边的金刚则怒目闭口,手中金刚杵平托着。

殿堂

殿堂是寺院中各主体建筑的总称。其中又有区别：殿是供奉佛像、让信士瞻仰礼拜祈祷的地方，而堂则是僧众说法行道和日常生活的处所。

按照中国古代的营造法则，一般喜欢把主体建筑安排在南北中轴线上，东西两侧布置附属设施。寺院的主体建筑是：山门、天王殿、大雄宝殿、法堂、藏经阁。因而这些正殿一般都坐北朝南，占据中线；其东西则设置一些配殿，如伽蓝殿、祖师殿、观音殿、药师殿等。

寺院的生活区分布于两侧。其中，左侧（东侧）往往是僧人自身生活的空间，包括僧寮（僧人宿舍）、香积厨（厨房）、斋堂（食堂）、库房（办公室）、客堂（接待室）等。右侧（西侧）则是旅客的借宿区，称云水堂（上客堂），意为容纳四海来客。

将僧人的生活区与游客的旅宿区分置两侧当然是一种理想状态，事实上各大寺院的情形都有点不一样。不过无论如何，将这两者区分开来是一个原则。而相对更为原则的是对各殿的布置，彼此的位置相当固定，几乎很少变化。

天王殿

天王殿在寺院中如果出现，它总是被布置在中轴线上、紧挨着山门的第一重。殿中一般供奉着弥勒菩萨，或为大肚弥勒，或为天冠弥勒。弥勒菩萨坐北朝南，其背后则供奉着韦驮菩萨（护法神），面向北。

弥勒为佛祖释迦牟尼的弟子，姓弥勒，字阿逸多。在过去、现在、未来三世佛的序列中，他是未来佛。但在中国汉地佛寺中，弥勒佛的化身为五代时吴越的布袋和尚，即大肚弥勒。

据《宋高僧传》卷二十一记载，布袋和尚为五代后唐时僧，其姓氏、乡贯、生卒年俱不详。有人说他是四明（今浙江宁波）人。法号契此，人称长汀子布袋师。经常背着个布袋，身材肥胖，大腹便便，言语、行为常出人意表，居无定所寝卧无常。由于其长相喜气，平常又颇能示人吉凶，预测时雨，世传为弥勒菩萨的应化身。死后江浙之间便将他的形象作弥勒佛供奉，在民间很有人气，很快普及到其他地方。

弥勒菩萨后面的韦驮菩萨，又称塞建陀天、私建陀天、建陀天、违驮天，天字之前的都是音译。或称韦将军、韦天将军，这当然是采用了汉语的表达习惯。此神本为婆罗门教中的战神，最初流行于南印度，传到北印度后被大乘佛教吸收为伽蓝的守护神，为南方增长天王手下八将之一，四天王三十二将之首。受佛陀咐嘱镇护东、西、南三洲。在我国，据《道宣律师天人感通传》《法苑珠林》所载，唐初的道宣律师曾感得其像，此后伽蓝中塑韦驮菩萨像便非常普遍。韦驮手持宝杵，面向释迦。

弥勒东西两旁供奉着四大天王。四大天王为帝释之外将，传说须弥山的半山腰有一由犍陀罗山，山有四头，四天王各居护其中之一，因而称之"护世四天王"。东方持国天王身白色，名提多罗吒，怀抱琵琶，为帝释天的主乐神；南方增长天王身青色，手中持剑，名毗琉璃，能令他人增长善根；西方广目天王，名毗留博叉，能以净眼观察护持人民，手中缠蛇或龙，身红色；北方多闻天王身绿色，名毗沙门，手中托塔或抱伞，或右手持伞、左手持银鼠，能护持人民财富。

天王殿作为第一重殿，有显正去邪之意。四大天王也是用以考察众生善恶，保护佛、法、僧三宝的。韦驮天王手持宝杵，更是为了护持佛法、镇压魔军。四大天王各有从者，俗称四大金刚。

大雄宝殿

大雄宝殿可以说是佛寺中最重要的一个建筑，即正殿，俗称"大殿"。它位于天王殿以北，占据着整个佛寺的中心位置。大雄是对佛的尊称，指佛有大力，能降伏"烦恼魔""五阴魔""死魔""自在天魔"等"四魔"。

《法华经·涌出品》曰:"善哉善哉,大雄世尊。"《法华经·授记品》云:"大雄猛世尊,诸释之法王。"既然如此,佛寺中供奉佛像的正殿也就称大雄宝殿。

宝殿正中供奉的佛像称为"本尊",又称本师、本佛、主尊。它显而易见是一座佛寺中最重要的供奉对象。各个时代、各个宗派之间主尊有很多变化,常见的是一尊、三尊两种类别。

供一尊佛的,一般当然是供奉佛教的缔造者释迦牟尼佛。常见有三种姿势:

① 成道相,表现的是释迦牟尼在菩提树下成道时的情景。佛祖结跏趺坐(盘腿打坐),左手横放在左脚上,名为"定印",表禅定之意;右手直伸下垂,名"触地印",意为大地可以对释迦牟尼成佛前为众生牺牲自己作出证明。趺坐的方式极有讲究。

② 说法相,表现的是佛祖在法会上为弟子说法时的情景。结跏趺坐,左手横放在左脚上,右手向上屈指呈环形,名为"说法印"。

③ 旃檀佛像,佛祖站立,左手下垂,表示能满足众

生愿望，名"与愿印"；右手屈臂上伸，表示能解除众生苦难，名"施无畏印"。

供三尊佛的，安排方式主要有"三身佛"和"三世佛"两种。

三身佛，身为聚集之义，所谓三身即法身、报身、应身。三身佛的中尊为法身佛，简单地说就是佛的真身，名毗卢遮那佛；左尊为报身佛，名卢舍那佛，乃是以法身为因，经后世修行方获得的佛果之身；右尊为应身佛，即释迦牟尼佛，乃是佛为超度世间众生而现身的一种像。三身佛的说法最早源自天台宗。而密宗则最崇敬毗卢那佛，以为是理智不二的法身佛。

三世佛，又分两种：一种是在三个空间世界中同时存在的佛，名"横三世佛"。正中为娑婆世界释迦牟尼佛，胁侍文殊、普贤二菩萨；左尊为东方净琉璃世界药师琉璃光佛，胁侍日光、月光二菩萨；右尊为西方极乐世界阿弥陀佛，胁侍观音、势至二菩萨。

再一种是"竖三世佛"，反映过去、现在、未来三世。居中的是现在佛释迦牟尼佛；左侧为过去佛迦叶佛，即燃灯佛；右侧为未来佛弥勒佛。

三世佛另有两种其他搭配方式，一为释迦牟尼佛、阿弥陀佛、弥勒佛；一为释迦牟尼佛、药师佛和弥勒佛。不过这两种搭配不甚常见，弥勒的胁侍乃是无着、天亲两菩萨。

另外，主尊也有供奉五尊或者七尊佛的。供五佛的多见于宋、辽古刹，如大同华严寺、泉州开元寺等处，近现代寺院中罕见。五佛代表东西南北中五方，又名五智如来。正中为法身毗卢遮那佛；左手第一尊为南方宝生佛，表佛德；第二尊为东方阿閦佛，表觉性；右手第一尊为西方阿弥陀佛，表智慧；第二尊为北方不空成就佛，表事业。东西南北四位又称金刚界四佛。有些寺院专门建一个毗卢殿或千佛殿安置这五佛。

供主尊供七佛的，则是供过去七佛，即释迦牟尼佛加上他之前的毗婆尸佛、尸弃佛、毗舍浮佛、拘留孙佛、拘那含佛、迦叶佛六佛。这种情况非常少见，较著名的是辽宁省义县奉国寺大殿。不过在净土宗寺庙里，因为主尊是阿弥陀佛，一般也另建七佛殿供奉上七佛，意在不忘佛祖渊源。

在北朝早期的石窟寺造像中，有一种今天看来已较为奇特的"二佛同堂"的现象，释迦牟尼佛与多宝佛等共坐于多宝塔内。在中国早期的佛教艺术中，由于当时以塔为寺院中心，二佛同塔的雕像也为数甚多。等到后来寺院以殿堂为中心，除了壁画和雕塑中尚可见其遗迹外，这一情景已很难见到了。

除了主尊，大雄宝殿中还有一些群像，其一是胁侍，即左右近侍；二是罗汉，一般是十八罗汉，也有塑二十诸天的，分布于殿内东西两侧；三是主尊背后的观音，或文殊像。其中胁侍的配置有多种，除了上述的，常见的还有老迦叶、少阿难。

法堂

法堂一般位于大殿之后，亦称"讲堂"，是僧人演说佛法、皈戒集会之处，在佛寺中是仅次于大殿的主要建筑。

法堂中设有法座、钟鼓。法座供演说佛法之用，其后挂有象征释迦佛说传道的图像，其前置讲台，台上供小佛坐像以象征听法诸佛，下设香案。钟在左，鼓在右，说法前击钟鸣鼓。有的法堂于东西两方设东西二鼓，东北角的称法鼓，西北角的为茶鼓。

据《禅苑清规》卷十所载："不立佛殿，唯构法堂者，表佛祖亲受当代为尊也。"可见禅宗寺院最初不立佛殿，仅建法堂。后来建立佛殿，才在佛殿后方另建法堂。也有的寺院以佛殿兼作法堂之用，而不另立法堂。

东配殿

东配殿一般是伽蓝殿，供奉伽蓝神，即守护伽蓝之神，又称护僧伽蓝神或寺神。或谓伽蓝堂为"土地堂"，盖以土地神为伽蓝守护神而祭祀之。

释迦牟尼佛成道后，桥萨罗国给孤独长者用大量金钱购置波斯匿王太子祇陀在舍卫城南的花园，构筑精舍，作为释迦佛在舍卫国居住说法的场所。祇陀太子仅出卖花园地面，而将园中树木奉献给释迦，因以二人名字命名为"祇树给孤独园"。释迦佛在园内居住说法传道25

年，伽蓝殿的设置即是纪念此事。

伽蓝殿正中供奉波斯匿王，左方是祇陀太子，右方是给孤独长者。殿内两侧常供有十八位伽蓝神，即寺院守护神。其一名美音、二名梵音、三名天鼓、四名巧妙、五名叹妙、六名广妙、七名雷音、八名师子音、九名妙美、十名梵响、十一名人音、十二名佛奴、十三名叹德、十四名广目、十五名妙眼、十六名彻听、十七名彻视、十八名遍观。这些神原为古代南亚次大陆的小神，后来为佛教所吸收改造。而汉化寺院里又将其中国化了。

《释氏要览》云："中国僧寺立鬼庙，次立伽蓝神庙。"可见唐宋时期已奉祀伽蓝神。近世汉化寺院常以关帝为伽蓝神。相传其俗始于隋代，天台宗创始者智者大师曾在荆州玉泉山入定，定中曾见关帝率其鬼神眷属现出种种可怖景象，经过智者大师度化，关帝乃向智者求授五戒，成为佛弟子。此后，这位被国人敬重的英雄便成为佛教寺院的护法神。

西配殿

西配殿一般是祖师殿,其先多为禅宗派系为纪念该宗历代祖师而建,所以这种布局以禅宗寺院最为常见。不过其他宗派的寺院后来也大多加以仿效。

以禅寺祖师殿而言,一般正中供禅宗初祖菩提达摩,左侧供六祖慧能大师,右侧供百丈怀海禅师。也有的禅寺不供慧能而改为马祖道一。其他宗派寺院则各按其法系而供奉其本宗本派祖师法像或牌位。

除了伽蓝、祖师两种常见的配殿,还有一些其他的配殿如玉佛殿、三圣殿等,它们的位置相当较为灵活。

玉佛殿,专门用以供奉释迦牟尼佛的玉雕像。这种殿往往被安置于偏殿,如上海龙华古寺。也可以将玉佛供奉于楼中,因而该楼就称玉佛楼,如上海玉佛寺便有玉佛楼。

三圣殿,专门用以供奉三圣。其中又分为两种,一种供西方三圣,正中为阿弥陀佛,左侧为观世音菩萨,右侧为大势至菩萨;另一种供东方三圣,正中为东方琉璃世界教主药师佛,左右侧分别为日光普照菩萨、月光普照菩萨。据说药师佛发了十二大愿望，每一愿望都是为了让众生满愿、拔苦和医病的。

此外，有些寺院还设有罗汉堂，有的还设地藏殿、文殊殿、普贤殿、禅堂、念佛堂、藏经阁等。这些建筑的位置就更不固定。

佛像

顾名思义，佛像指佛的画像或雕像。一般情况下，它不仅包含佛，还包含菩萨、罗汉、诸天等。

说来很多人可能不信，佛教作为一个宗教来说其实是一个无神教。"佛"的意思是"觉者"，不是神。释迦牟尼在世时，佛弟子只是将他当作老师，佛祖也曾留下不造像、不崇拜的嘱咐。这个规矩在他灭度后一两百年里还被遵守着。

可是到后来，"佛"的意义越来越神圣化，不仅佛舍利和藏有舍利的佛塔受到礼拜，就连佛成道时的菩提树以及菩提树下坐过的草垫子、佛的遗物如钵和佛衣、象征佛所说法的法轮等，也受到尊崇。

中国佛教在其传入之初，便包含了崇拜佛像的内容，以至于佛教又被称为"像教"。东晋时道安曾在襄阳造丈八金像，此后造像更有所发展。南北朝时，北方各地民间造像蔚然成风，官方也曾组织力量予以支持。隋唐以后，社会上造像风气虽不如南北朝之盛，但造像工程的规模有增无减，留下了大量至今仍令人惊叹不已的精美的艺术品。

经历这么长的时间，又延伸到这么广的地域，佛教造像呈现出种种变化自然是顺理成章的事。据说对释迦牟尼像的造像有种种庄严微妙的形相，所谓三十二种相和八十种好，合称"相好"，分别指释尊的容貌、体态以及头、面、鼻、口、眼、耳、手、足等各处的细微隐秘的形象特征，不过在汉化寺院中不可能有那么多讲究。大而别之，也就是前文讲过的两坐一立三种姿势而已。内容更丰富的倒是佛教中的菩萨、罗汉和诸天。

菩萨

菩萨在佛教中是仅次于佛一级的人物。释迦牟尼成佛前,便是以菩萨为称的。

佛经上记载,菩萨可穿僧衣,也可作在家装束,但佛教传入中国以后,穿僧衣的菩萨渐渐减少,而且,菩萨的形象和装束在唐代基本上定型,其中有很多中国化的表现。

菩萨为求道、求大觉之人,较佛更有亲和力。因而在南北朝以后,中国的佛教徒便逐渐兴起了对菩萨的信仰,并通过感应附会,让一些菩萨来中土定居,自立道场。

佛典中经常提及的著名菩萨有弥勒、文殊、普贤、观世音以及大势至、地藏等几位。其中,弥勒在上文已经讲过。文殊与普贤胁侍本师左右,合称"华严三圣";观世音与大势至胁侍阿弥陀佛,合称"西方三圣"。势至在中国民间未能产生深刻影响,而文殊、普贤、观世音、地藏四个菩萨在中土各有其道场,且待下文专门介绍。

菩萨按其悟解浅深而有不同的菩萨阶位,其结构非常繁琐。菩萨的修行称"菩萨行",大乘菩萨所受持的戒律称"菩萨戒"。

罗汉

罗汉的全称是"阿罗汉",为如来十号之一,指佛教徒所能修得的最高果位。小乘佛教认为佛教徒的修行分为四个阶段:预流果、一来果、不还果、阿罗汉果。受了阿罗汉果,也就杀尽烦恼、受人天供养、永入涅槃不再受生死果报。

在中国,佛和菩萨到唐代便已基本定型,而罗汉的传说一直到唐玄奘译出《住法记》之后才普及开来。寺院中专设堂宇对罗汉进行安置,更是到北宋才有的事。因此,罗汉的服饰都是仿汉地僧人而来,其形貌也往往以本土和尚作为模版,有些甚至纯粹是雕塑工人的想象。

起先罗汉只有四位。佛涅槃时指派大迦叶、君屠钵叹、宾头卢、罗云四位比丘不入涅槃,永住世间护持教法,他们也就是最早住世的阿罗汉,或称四大比丘、四大弟子、四大声闻。

四大罗汉的说法至迟在西晋时便传入了中国，但唐玄奘所译的《住法记》中，罗汉的数量增加到了十六位。五代时，画家张玄、贯休将罗汉像画成十八尊，北宋苏东坡分别为其题赞十八首，从此十八罗汉的说法大著于世。元代以后，各寺院的大殿中多供有十八罗汉，佛教艺术中的罗汉像及雕塑也以十八罗汉为主。十六罗汉的说法反而逐渐寂焉无闻。

大略与十六罗汉的说法同时，中国佛教界又出现了五百罗汉的说法。五百罗汉的说法在佛经中出现倒是很早，但在中国受到尊崇，也是五代以降的事。最早创建五百罗汉堂的是杭州净慈寺，乃显德元年（954）道潜禅师将雷峰塔下的十六罗汉迁往净慈寺之后所建。南宋《江阴军乾明院罗汉尊号石刻》则将五百罗汉的名号一一列全。这是中国本土的创造。现在北京碧云寺、上海龙华寺、苏州西园寺、武汉归元寺、成都宝光寺、昆明筇竹寺、西山华亭寺等处均有五百罗汉堂。

诸天

诸天是佛教中诸位尊天的简称。他们各自管领一方，相当于人间的帝王。

各尊天早在南亚次大陆的古老神话传说中大多已经存在，被佛教吸收改造后，便成为佛法的护持者。当然又增添了新的内容。佛教传入中国以后，诸天又被汉化，无论其衣着还是面目。

汉化寺院里诸天一般是二十位，称"二十天"。分别为大梵天、帝释天、多闻天王、持国天王、增长天王、广目天王、密迹金刚、大自在天、散脂大将、辩才天、大功德天、韦驮天、地天、菩提树神、鬼子母神、摩利支天、日天、月天、水天、阎摩罗王。他们一般位于大雄宝殿内两侧，姿态前倾，以示对佛的尊重。如杭州灵隐寺、大同上华严寺中所列。当然，诸天的姿态在不同时期和不同地域存在着显著差异。

但大体一致的是，诸天之间有着一定的排列顺序以显示等级差别。一般有两种顺序，其一是按照"佛会"时礼佛的次序，分立大殿两侧，单数列左、双数列右。

另一种则按照"金光明道场"的队列，功德天列于左边、辩才天列于右边，以下者则分列于两侧。

除了上述二十诸天，汉化佛教中还有一些小天神和特异天神，如八部众（即天龙八部）和明王等。八部众中又以夜叉、乾闼婆、紧那罗、阿修罗最为显著。明王则属于密宗系统，据说乃是佛和菩萨在教化众生时遇有不听管教者而变成的各种天神武将的化身，或作慈悲像，或作怒容像，以此降服世人。汉化寺院里少见，水陆法会中还可见到一些。

贰

起愿即是道场

四大佛教名山

佛教强调静心清修，因而从它传入中国伊始，便与名山结下了不解之缘。汉晋时期，佛教在整个社会上影响面不广，这一点表现得还不很明显。到了东晋十六国，由于佛教在阶层上和地域上都以极大的强势向全国迅速扩展，佛教名山的意识也逐渐抬头。但到南北朝为止，尽管当时与佛教结缘的名山已有数十座，可以说当时所有的名山都已染上佛法，可是并未形成一个系统，社会上也缺少对佛教名山的品题。

唐代是一个值得特别注意的时代。当时日本僧人入唐求法，特别注重天台山和五台山，从而使得这两座名山在当时的地位特别崇隆，而当时还奠定了后世四大佛教名山的基础。南宋立"五山十刹"之制，对佛教徒的游方参学导向性很强，但由于"五山十刹"都集中在东南，对全国范围广大信众来说其影响究属有限。到了明朝，不知什么缘故整个社会上突然兴起了一股如火如荼的参拜名山的高潮，就道教系统而言，当时流行朝五岳以及五岳之上的太岳武当山，佛教徒自然不甘落后，于是佛教四大名山的概念终于深入人心。

所谓四大名山指的是浙江的普陀山、山西的五台山、四川的峨眉山、安徽的九华山，分别为观音、文殊、普贤、地藏四个大士的道场。就自然环境而言，这四个地方分别被认为"九华，地也；峨眉，火也；五台，风也，普陀，水也"四大结聚。而就其所供奉的菩萨而言，则观音以大悲、文殊以大智、普贤以大行、地藏以大愿而著名。

明代曾有金普陀、银五台、铜峨眉、铁九华的品题，以下分别进行叙述。

金普陀：观音道场

观音菩萨

我们俗称的观音其实当作观世音,又译作"光世音""观自在""观世自在"。称"观音"始于唐朝,为唐太宗李世民避讳。

观世音与大势至菩萨同为西方极乐世界阿弥陀佛的胁侍,合称"西方三圣"。据说当众生遇有厄难时,只要诵念观音菩萨的名号,菩萨就会即时观其音声而前往拯救,故世称观世音菩萨。

早在三国时期,观世音信仰便已传入我国。两晋以后,观音信仰大盛于世,东晋南朝时期还出现了大量表现观音菩萨应验事迹的撰述。由此，观音不仅成为汉化佛教中最发达的一种信仰，而且还出现了强烈的本土特色。

特色之一是关于观音菩萨的性别。本来在印度古代的佛教雕塑和我国早期的观音造像中，观世音都是男性，如甘肃敦煌莫高窟的壁画和南北朝时的雕像，嘴唇上还留着两撇漂亮的小胡子。《华严经》称善财童子到了普陀洛迦山时，"见岩谷林中金刚石上，有勇猛丈夫观自在，与诸大菩萨围绕说法"，可谓观音本为男身的铁证。然而本土化以后，观世音信仰与道教中的"娘娘庙"信仰相结合，摇身一变而为女性，成为著名的"观音娘娘"。

这一变性过程大致始于南北朝后期，唐以后才彻底完成。如此一来，观世音菩萨的神通也就由大慈大悲、救苦救难而增添一项：送子。本来，在佛教各尊菩萨的造像中，观音菩萨像的种类最多，有三十三身的说法，此后当然有一种就叫"送子观音"，特别受到那些祈求延续香火的兼嗣妇女们的崇拜。

特色之二是关于观世音菩萨的住处。

据佛经所说，观世音菩萨的住处在娑婆世界，南海补陀落伽山上。该山又译为补怛洛迦、布怛洛迦、普陀洛迦、布达拉等，其地在今南印度东海岸的巴波那桑山。唐咸通四年（863），日本入唐僧慧萼自五台山请得一尊观音圣像，想带回日本供养。从明州（今宁波）启航，途经舟山群岛时，风浪大作，不得已将圣像请上一个小岛——梅岑，是为该地奉观音之始。至五代后梁贞明二年（916）建"不肯去观音院"，是为该山最早寺院。由此该岛渐渐成为中土的观音道场，并改名"普陀"。

地理位置

普陀山位于杭州湾南缘、舟山群岛东部海域。行政上由普陀山、洛迦山、南山、小山洞、豁沙山、小洛迦山等小岛组成，属舟山市普陀区。

从平面上看，普陀山呈菱角状，南北长8.6公里，东西宽约3.5公里，面积12.5平方公里，岸线长30公里。全山共有山峰20余座，其中位于岛屿北部的佛顶山，又名菩萨顶，海拔288米，为最高峰。其西为茶山、东为青鼓垒山，北为伏龙山，南东为锦屏山、莲台山、白华山，南西为梅岑山，主峰均在100—200米之间。

洛迦山西距普陀山5.3公里，大致呈三角形，南北长约1公里，东西宽0.6公里，岸线长3公里，海拔97米。从普陀山望去，宛如一尊卧佛。

兴盛过程

普陀山之名直到明代万历年间才改定。在宋代时，山上只有一座寺院，即上述建于五代的"不肯去观音院"。宋神宗元丰三年（1080），诏改建"宝陀观音寺"。到南宋绍兴元年（1131），易律为禅，山上居民悉皆离去，于是山岛成为佛国净土。理宗宝庆年间（1225—1227），被列为教院"五山十刹"的十刹之一。

元代崇佛，对普陀山甚为重视。大德三年（1299），普陀高僧一山一宁被任命为"江南释教总统"。大德五年，规定每年正、五、九月由廷臣降香。到元末时，普陀山的各种设施已有相当规模。明代由于海寇骚扰，普陀山的佛事虽然几起几落，但整体来说，普陀山的佛教还是得到了空前的发展。万历后期，山上有寺庵200多处，江浙、福建一带的信徒"贡艘浮云""香船蔽日"。

入清以后，虽经清初的短期衰落，到康熙年间，山上便恢复并发展到极盛。当时山上除普济禅寺（前寺）、法雨禅寺（后寺）外，另有庵院190余处，常住僧众3000余人。普济、法雨两寺琳宫之辉煌甲于江南。清末火轮通航以后，香客朝山的条件大为改善，普陀山的佛教发展更是日新月异。1924年报载："每班沪甬新江天、宁兴普安轮到普陀，香客及游客二千余人"，另外还有"台州、温州两地轿夫接踵而至，人数在二三千名以上"。以至当局不得不限定，春季轿子600乘、夏季轿子1000乘。此时，全山有三大寺（普济、法雨、慧济）、8大院、85庵堂、148座茅篷、数千僧尼。简直"山逢曲处皆有寺，路欲穷时便逢僧"。报载"每届夏季香期，游客香客住满寺院"。为了接待各地香客，三大寺及各主要寺院在上海、宁波、台州、定海等地还设有"下院"。普济寺常住僧600余人。山上还置有华雨僧小学校，接收小沙弥及住山工匠子弟入学。

新中国成立后经过"土改",山上的佛事一度出现萎缩,只保留普济寺、法雨寺、慧济寺、紫竹林(潮音洞)、梅福庵、杨枝庵、磐陀庵、南天门、观音跳、梵音洞、多宝塔等12处寺庵和风景点。"文革"中更是佛事活动全部停止,幸庙宇建筑大多保存完好。改革开放后,普陀山的佛教恢复发展得很快,又出现了"海天佛国"的兴旺气象。每年二月十九、六月十九、九月十九的香期,实际上都是先一天的朝山最为旺盛。香客摩肩接踵,并且有不少来自海外及港澳台地区。

重要寺庙

普陀山的修法场所可以说有三级:首先是普济、法雨、慧济三大寺。其下是庵院,明代200余处,清代多维持在190处左右,民国时期有90处,1978年剩64庵。再下是茅篷,这一名称始用于清末,当时全山有128篷,由普济、法雨两寺管辖,每篷只许住一僧。

最重要的当然是三大寺。按其位置,分别又称为前寺(普济)、后寺(法雨)、佛顶山寺(慧济)。

普济寺位于白华顶南、灵鹫峰下。由码头短姑道头上山，经过白华庵、有正趣亭，再过一石坊，便到了普济寺。故称前寺。普陀山前山以此为中心，也是全山风景最集中之处。

就历史而言，普济寺是普陀山上兴起最早的寺院。全山最早的"不肯去观音院"就是其鼻祖。北宋于此改建"宝陀观音寺"，已见上述。明代遭倭寇之乱，屡经兴废，至万历三十三年（1605）重建，改北向为南向，赐额"护国永寿普陀禅寺"。清康熙三十八年（1699）因赐额"普济群灵"而改名"普济寺"。雍正九年（1731），赐金大修普济、法雨两寺，奠定今建筑格局。今普陀山佛教协会设于寺内。

普济寺占地37019平方米，建筑总面积15288平方米。沿中轴线依次有山门、天王殿、圆通宝殿、藏经楼、方丈殿，两侧有伽蓝殿、罗汉殿、禅堂、承德堂、梅曙堂。殿、堂、楼、轩共计312间。

主殿为圆通宝殿，高达20余米，百人共堂不觉其宽，千人齐登不觉其挤，人称"活大殿"。殿中供毗卢观音高达6.5米，妙相庄严，观照自若。两旁端坐32观音应身，男女老少、圣凡人神诸像神态各别。

山门前有万寿亭，建于康熙四十一年（1702），内有万历和康熙御碑，比别处更显堂皇富丽。左右分别为钟鼓二楼，其铜钟重达3.5吨，皮鼓直径达2米。晨钟暮鼓，悠扬海天。

由普济寺往西，有磐陀庵。再往上，穿过西天门，便到了梅岑山半山腰的梅福庵。梅岑山又名梅子岭，为普陀山南边最高峰，乃因西汉时隐士梅福而得名。梅福原为成帝时南昌尉，因上书痛斥王莽专权而惹祸，于是弃家出走，于姑苏间佯狂，晚年辗转来此隐居修行。梅福庵中有灵佑洞，相传为梅福隐居炼丹之处，又名炼丹洞。洞内内壁佛龛上供有观世音和大势至等菩萨。

由普济寺沿公路北行，便是鸡宝岭，上有"玉堂街"题字，原为朝山香道雅号。由此穿行月印池、悦岭、鹤鸣、大乘以及杨枝等庵，便到了后寺法雨寺。

悦岭庵现为普陀山文物馆，收藏全山寺院珍贵文物千余件，其中包括明代万历年间赐给法雨寺的圣旨，清代康熙、乾隆钦赐的海青袈裟、慈禧太后作画的牡丹图以及西藏九世班禅额尔德尼赠送的银元宝等。此外尚有国外赠送的各种文物，包括来自日本的佛像铜屏、印度的梵文贝叶经、缅甸玉佛、菲律宾玳瑁塔鹤和柬埔寨金边正觉寺僧人赠送的菩提树叶，据说是从释迦牟尼证道成佛的那棵树上得来的。

大乘庵坐落在群山环抱的象王峰下，内有卧佛殿及千佛楼。杨枝庵则在雪浪山西和清凉岗下，内有杨枝观音碑，为普陀山的又一艺术瑰宝。碑的背面刻有《杨枝庵记》，正面是观音立像，左手托水钵，右手执杨柳枝。整幅画面线条流畅，简洁生动，为稀世珍品。

法雨寺为普陀山第二大寺，位于玉堂街尽头锦屏山麓。其前身为明万历八年（1580）蜀僧大智创建的海潮庵，万历二十二年郡守将其改名海潮寺。万历三十三年增建殿宇，次年赐额"护国永寿镇海禅寺"。其后迭经兴废，康熙年间重新兴修，且拆南京明故宫移此，重建为圆通宝殿（又称九龙殿），赐额"天花法雨"，因改名"法雨禅寺"。

法雨寺的门前景致与前寺相去不远，仍是青玉涧诸水绕流寺前，诸水汇成泓荷池。池上则有海会桥连接山门。入山门后，整座寺庙依山而建，中轴线上的六重殿宇各以条石跌基，层层升高。第一重为天王殿；第二重为玉佛殿，原藏有一尊缅甸白玉象，雕工精致，今已不存。玉佛殿东西有钟鼓楼。再后为第三重圆通宝殿，即九龙殿。殿台前三面石栏上刻有二十四孝图，源自元朝郭子敬所编古今二十四孝子故事。将一些儒家的孝悌观念与佛教结合起来，可见儒、佛两家关系之深。圆通殿高22米，面阔7间，进深5间，重檐琉璃顶。内供观音菩萨，两侧有十八罗汉，故圆通殿又名观音殿。第四重为御碑亭，又称玉碑殿，西侧楼屋内有门可通往佛顶山的香云路。亭后为大雄宝殿和藏经楼。大雄宝殿内有三世佛塑像，藏经楼位居整座寺庙的最高位置，中有印光法师方丈殿，后改为纪念堂。

由法雨寺西侧上山，经香云路可通佛顶山。香云路上遍地莲花、荷叶以及莲蓬图案，朝山者见此图案也要跪拜礼佛，一直通往山顶慧济寺。

慧济寺亦称佛顶山寺、佛顶山庄，明万历年间，僧圆惠于此创建慧济庵。后几度兴废，乾隆五十八年（1793），僧能积募建圆通、玉皇二殿及钟楼、大悲楼、斋楼，于嘉庆元年（1796）扩庵为寺，挂单安众。清末经火重建，民国初成为巨刹，规制与普济、法雨鼎峙而三。

慧济寺有四殿、七宫和六楼，其所需建材传说都由十八罗汉施法从海上运送至此。内部布局因地制宜，与一般佛寺颇有不同。山门之后为天王殿，其后的大雄宝殿与藏经楼、大悲楼、方丈殿全都排列在一条直线上。天王殿与大雄宝殿之间的左右两侧，则是地藏、玉泉二楼。全寺东山的天灯塔为普陀山最高点，登塔远眺，可见到舟山诸岛、普陀丛林以及汪洋东海；如果为浓雾所遮，则但见白云缥缈，犹如仙境。

普陀山东南海岸散布有大量各具特色的洞穴，其中最负盛名的是"不肯去观音院"的潮音洞和青鼓垒东端的梵音洞。两洞都是波浪冲刷侵蚀而形成的海蚀穴，传说为观音显身之处。潮音洞因为洞窟内日夜吞吐海潮，有如雷声，故名"潮音"，洞高数十米，有头门、二门两门。头门外石壁上刻有康熙三十八年所赐御笔"潮音洞"三字，二门外洞顶通明如天窗，游客可由此处看到下边的洞内景观。崖上刻有"现身处"三字，常有人于此叩求大师现身，为求心愿达成，有的燃指断肢，更有跳海舍身者，以此祈求菩萨显灵接引。直到清末才明令禁止，于洞旁建有"莫舍身"亭，内竖"禁止舍身燃指"碑，现在亭已不存。梵音洞高约百米，两侧相合如门，陡峭如削。洞中嵌有一大石珠，有如巨蚌含珠。进深数十米，洞底则因为崩石甚多，异态纷呈。顺着小径绕至洞腰间石瓮台，可观赏海景、聆听潮音。

洛迦山位于普陀山东南莲花洋中，与普陀山合称普陀洛迦山。俗有"不到洛迦，就不算朝完普陀"之说，所以过去朝拜普陀山的香客，是必到洛迦山的。清末山上有茅庵四座，均毁于"文革"，1980年，普陀山佛教协会修复圆通篷，同时整修香道，先后建成土地祠、伽蓝殿、圆通禅院、大悲殿、大觉禅院、圆觉塔、闻思亭、妙湛塔以及大型石雕观音普门品故事碑廊，从而洛迦山不仅恢复旧观,而且还大胜于昔。其中,圆通禅院为1990年建于原圆通篷旧址,大觉禅院为1988年建于原自在篷址。

洛迦山西面山脚有水晶宫,为岩石底下一三角形石窟,相传由此可通往龙宫,亦为观音现身之处,但只有于退潮之时,方可入内观赏洞景。东面的小山巅上,以前有天台灯,其下为洛迦门,乃是唐朝至明清之际日本、朝鲜等国进出中国的必经之路。

银五台：文殊道场

文殊菩萨

文殊全称文殊师利，或作曼殊师利、曼殊室利，意为妙吉祥。传说是大乘佛教中最以智慧著称的菩萨，与普贤菩萨并为释迦牟尼佛的两大胁侍。

据《文殊师利般涅槃经》所载，文殊菩萨生于舍卫国多罗聚落梵德婆罗门家，后从释迦牟尼佛出家。在大乘佛教中，文殊菩萨享有很高的地位。他不仅是"大智"的象征，而且传说在过去世他曾为七佛之师，因而其智慧被喻为三世诸佛成道之母。

文殊菩萨的形象颇多，有草衣文殊，有僧形文殊，还有童形文殊、渡海文殊。其中最常见的是左手执青莲花，右手持智剑，以狮子为座骑。其性别"非男非女"，更近于女性。早期有些文殊画像在唇上画有蝌蚪形的小胡子，宋以后小胡子不见，面容秀丽，胸部丰满，俨然美妇。

童形文殊也很常见，头戴五髻宝冠，其五髻表示内证五智。而五髻这一外形，也正是中土将五台作为文殊道场的重要因缘。

相传释尊在世时曾预言：他灭度后，东北方的大振那国中有一座五顶山，文殊师利住在那里，为众生说法。佛教徒相信，所谓"振那"国即是我国（支那），而五顶之山便是五台山（又名清凉山）。由此，尽管文殊信仰在印度及西域等地开不发达，但在我国，自南北朝以后，文殊信仰便以五台山为中心兴盛起来，并逐渐传播至西藏、蒙古，国外如日本等地。

地理状况

五台山位于山西省五台县东北角，大部分坐落于五台县境内，另有一小部分绵延至邻县繁峙、代县和河北省阜平县境。北瞰恒山，远眺塞外。佛教称之为清凉山，道家称之紫府山。周围500余里，其中心台怀镇东经113°32′，北纬39°2′。

五台山为太行山支脉，主峰五座，分为东、南、西、北、中五台，环互而立，海拔都在3000米以上，但峰顶平坦，状如秃头。民间传说正因为如此，该地才出现如此多的佛寺和僧侣。滹沱河由五台山北麓发源，环绕西部、南部，然后向东流入海河。五台山南面，其溪流则汇为清水河，注入滹沱河。

五座主峰各有名号。东台名望海峰，海拔2795米，在台怀镇东10公里。西台名挂月峰，海拔2773米，在台怀镇西13公里。北台名叶斗峰，海拔3058米，位于台怀镇北5公里。南台名锦绣峰，海拔2485米，位于台怀镇南13公里。中台名翠岩峰，海拔2894米，位于台怀镇西北10公里。整个五台山海拔高度在900—3000米之间，植被覆盖率在90%以上，形成一个巨大的牧场。每年夏季，毗邻各县的农民都赶牛驴骡马上山"寄坡"，与佛教节日相结合，形成远近闻名的"六月骡马大会"。

习惯上将五峰之内称为台内，之外则称为台外。从山外入山，有东南西北四门。东门为河北阜平县的龙泉关；西门为五台、繁峙二县交界的峨峪岭；北门为鸿门塌；南门为大关，又分三层：第一层虎牢关，第二层阁子岭，第三层漯阳岭。过去在铁路兴修以前，很多游客都从东门入台，而蒙古人则多从西门入山；现在一般都取道南门。

兴盛过程

关于佛教传入五台山的历史，传说在东汉明帝时，即，佛教传入中国之初。这一说法始在唐代就已经出现。道宣在其《集神州三宝感通录》中记载，"五台山中台之东南三十里"的大孚灵鹫寺，其建造的由来是："汉明之初，摩腾是阿罗汉，天眼亦见有塔，请帝立寺。"俟后这一说法被采入《清凉志》，广为流传。

但揆诸情理，这一说显然是不可信的。当时就全国范围来讲，佛法只在极少数通都大邑有所分布，而且当时社会上对佛教的了解相当有限，根本谈不上传播、发展。此地交通并不发达，与佛教东来路线相去甚远，可见，这一说法仅仅是传说。

较为可信的是认为其佛教之兴盛始于北魏。唐高宗时释慧祥编撰《清凉传》，成为记述五台山佛教史迹最早的专书。该书称大孚图寺（即大孚灵鹫寺）、清凉寺都是北魏孝文时所立。当时距北魏尚不算遥远，由此可见台山佛教肇兴于北魏，应该是文献有征的。传说孝文帝曾亲临五台山，并于灵鹫寺周围设置十二院。到北齐时，朝野上下非常重视佛教，在其短短的20余年里，台中共修建大小寺院200余所。隋文帝下令于五台之顶各立一寺，并且派人在此设斋供佛。

唐代五台山的佛教臻于极盛。当时虽然没有几大佛教名山之说，但五台山的地位较之后世更为崇隆。其时，五台山号称有寺庙360余所，僧尼3000余人。日本僧圆仁在《入唐求法巡礼行记》中记载："常例每年敕送衣钵香花等，使送到山，表施十二大寺细𰯼五百领、绵五百屯，袈裟布一千端，香一千两，茶一千斤，手巾一千条，兼敕供巡十二大寺设斋。"

"会昌法难"中，与全国其他各地一样，台山佛教遭受沉重打击。虽不久后恢复，但到五代时，又经受周世宗灭佛。两度破坏后，佛教之兴大不如前。宋朝时有所恢复，下诏重修真容、华严、寿宁、兴国、竹林、金阁、法华、秘密、灵境、大贤十寺，但到宋金开战后，此地的残破更甚于前。

元朝对五台山的佛教发展异常重视，曾多次动用国家力量，在五台山大兴土木。据《元史·成宗本纪》所载，元贞元年（1295）闰四月，为了给皇太后在五台山建佛寺，竟至"以大都、保定、真定、平阳、太原、大同、河间、大名、顺德、广平十路，应其所需"。以致监察御史李元礼在上疏中说："伏见五台创建寺宇，土木既兴，工匠夫役不下数万，附近数路州县供亿烦重，男女废耕织，百物踊贵，民有不聊生者矣。"

到了明代，由于全民性的朝山风气的兴起，五台山的佛教更是蒸蒸日上。从而一举奠定了它作为北方最大佛教圣地的地位。特别是因为自元代藏传佛教传入五台山，深受蒙古及北方民族的崇信，从而此地成为联系藏族、蒙古族及北方民族的一根强有力的文化纽带。到了清朝，康熙、雍正、乾隆、嘉庆四朝皇帝都曾多次朝拜五台山，其中康熙朝过5次、乾隆朝过6次。因此修建了大量行宫。康熙时还形成了拜西藏的僧官为皇子师、并请上五台诵经传戒的制度。

在皇家力量的推动下，蒙藏佛教徒对文殊和五台山的信仰达到了异常崇隆的程度。旧时北方有一句俗语，讲蒙古族"有钱就花在头上"，指的便是去烧香叩头。载籍称蒙古族向五台山朝香的"每年四月至十月，络绎不绝"。

这个状况一直延续到民国。当时五台山有黄庙（喇嘛庙）15所，青庙（和尚庙）97所，僧尼千余人。这种盛况不要说在北方，就是与佛教尚称发达的东南一带相比，也是极为少见的。而现代佛教史上许多著名大师如虚云等，都有历尽艰辛上五台参拜的经历。

台内外名刹

五台山在佛教四大名山虽然被品评为"银五台"，但其实有点冤。它不仅兴起历史最早、在历史上影响一直很大，而且也是寺庙保存最多、最完整的佛教名山。元代以前的寺庙现存有四座：创建于北魏孝文帝时的佛光寺、唐代所建的南禅寺、金代所建的延庆寺、元代所建的广济寺（西寺）。

抗日战争前，五台山的佛教臻于极盛，台内寺庙最著名的有五大禅处：显通寺、塔院寺、殊像寺、罗睺寺、菩萨顶（文殊顶）。此外，碧山寺、广宗寺、圆照寺、显通寺、塔院寺、殊像寺、南山寺、金阁寺、永安寺以及灵境寺合称青庙十大寺，而黄庙系统的章嘉活佛统属下的文殊寺、广化寺、集福寺、普乐院、慈福寺合称"佛爷五处"。抗战军兴后，佛寺及佛教的发展在相当长一段时间内遭受破坏，但自1980年代以来，台山佛教又渐次恢复了往日欣欣向荣的面貌。五台山现有寺院50多座，广布于台内外。

五台山的主要寺庙历来多位于台内，尤其五台山的中心台怀镇。

台怀镇的重要寺院首推**显通寺**。它坐落在五台山的中心、菩萨顶脚下，作为五台山标志的大白塔就在它附近。它不仅是整个五台山规模最大、历史最悠久的寺院，也是全中国历史最悠久的寺院之一。

显通寺的前身也就是历史上赫赫有名的大孚灵鹫寺。传说是汉明帝时西域高僧摄摩腾和竺法兰在此兴建的。这一说法固然不足信，但其得名缘由则大有来头。据说两位高僧看了地形之后，觉得它与释迦牟尼生前向弟子讲经的灵鹫山极为相似，于是这座山也就被称作灵鹫峰。

大孚灵鹫寺在唐代更名为大华严寺，明太祖时重修，才赐额大显通寺。现存建筑多为明清遗物，有400余间，占地120余亩。中轴线上排列七座大殿：观音殿、文殊殿、大佛殿、无量殿、千钵殿、铜殿、藏经殿，气势非凡，无一雷同。其中，大雄宝殿重顶飞檐，木雕彩绘，为五台殿宇之最。整个五台山的重大法事活动，多在此殿举行。无量殿又称无梁殿、七处九会殿，高、宽、深分别为20米、28米、16米，重建于明代，外观为七间两层楼房，殿内则为三间穹窿顶砖窑，形制奇特，为我国砖石建筑艺术杰作。

显通寺的铜殿是一座整个用青铜铸成的仿木建筑，为我国仅有的三座铜殿之一。另两座一在普陀山，一在峨眉山，其规模及美观均有所不及，而且峨眉的铜殿已毁于战火。显通铜殿铸于明万历三十七年（1609），高、宽、深分别为8.3米、4.7米、4.5米。殿内有铜铸文殊坐狮像，四壁上小佛像多达万尊，号称"万佛朝如来"。

由于有这么多铜器，以至于俗话有云："显通虽穷，尚有铜文物十万。"而最高处的藏经阁，现在收藏了大量的古代文物，如南北朝的石雕观音和胁侍菩萨，以及大量的书画、藏经等。

显通寺下面，大白塔所在，是著名的**塔院寺**。该寺原为大华严寺的塔院，明成祖永乐五年（1407）与显通寺分开，独立成寺。

作为五台山的标志性建筑，大白塔在此地佛教初兴时就已经出现。北魏时显通寺称"大浮图寺"，浮图即塔之意。该塔原名慈寿塔，现存的大白塔是元大德六年（1302）由尼泊尔匠师阿权尼哥设计建造的，将原慈寿塔置于大塔腹中。其工程之大,建造之难,为五台之冠。

大白塔高75.3米,塔基为正方形,周长83.3米。塔身通体洁白,状如藻瓶,造型极为优美,人称"清凉第一胜境"。塔院寺坐北朝南,以塔为中心,前为大慈廷寿宝殿,后有藏经阁。阁中现存汉、蒙、藏多种文字经书两万余册,其中宋至清乾隆年间版本的两千余册为善本。

塔院寺以东,与显通寺遥相对应的是**罗睺寺**。该寺始建于唐代,得名于释迦牟尼十大弟子之一的罗睺罗,本为释迦牟尼离俗前之子。明弘治五年(1492)重建,清代改为罗睺寺,并由之前的青庙改为黄庙。

紧挨着大白塔的东侧,有**万佛阁**。创建于明代,原为塔院寺的属庙。其布局紧凑,仅有文殊殿、五龙王殿、古戏台三座主要建筑。所谓万佛阁即其文殊殿,创建于明,重修于清,从东朝西,分上下两层。下层供文殊、观音、普贤三菩萨,上层供地藏,殿的左、右、后三壁建木制方格,摆设各种佛像万余尊。

五龙王殿坐北朝南,供奉来五台被文殊收伏的龙王第五子，其对面则是专为龙王唱戏的戏台。清代每年六月庙会，香客游人都要来此听唱大戏。

显通寺北侧的灵鹫峰上，有五台山最大、最完整的藏传佛寺**菩萨顶**。相传文殊就住在山顶上，故又名文殊顶。该寺创始于北魏，名真容院。传说文殊菩萨曾在此展现真容，因而得名。后更名大文殊寺。

菩萨顶原为青庙，清顺治时改为黄庙。其建筑为清代参照皇宫模式营造，极为豪华，为五台之首。其殿堂、楼房、僧舍、禅堂等共430余间，占地45亩。寺前台阶108级，象征人间108种烦恼。朝山者须将其踩在脚下，方可得睹菩萨真容。

塔院寺以南不足500米，是五台五大禅处之一的**殊像寺**。该寺坐落于凤林谷口，以供文殊巨像而得名，创建于元，重修于明。现存建筑仅一小院，占地6400平方米。主殿文殊阁，三进五间，所供文殊菩萨高9.3米，殿、像均为五台中心区第一。

与菩萨顶隔清水河相对，垂直高出台怀镇400米的是黛螺顶。寺从山名，亦建于山顶，始创于明成化年间，明万历及清康熙、乾隆年间都曾重修。寺中有五种文殊菩萨法像。过去，香客信士若能礼遍五台佛寺，登临东、西、南、北、中五台之顶，称"大朝台"；否则，仅到此处朝拜，亦可聊表心意，称"小朝台"。俗有"不登黛螺顶，不算台山客"之说。

以上诸寺都在台怀镇。其他的佛寺则主要分布于北台和南台山麓。

北台山麓的佛寺以**碧山寺**最大。它位于华严谷中，距台怀约两公里。创建于北魏，名称由普济寺到护国寺、北山寺，到清乾隆年间才改名碧山寺。该寺占地24亩，中轴分前后两进。前院有天王殿、钟鼓楼、雷音殿、戒堂殿，后院为藏经阁和经堂、香舍。其中，戒堂殿是历来传戒的地方，殿中的佛坛为北魏时的戒台。历史上不少高僧曾驻锡此寺，尤其民国年间此寺的广济茅篷，更是吸引了当时在佛教界极有影响的虚云、圆瑛、印光诸大师在此讲经。传说杨家将的杨五郎出家于此。

相对而言，南台山麓的寺院比北台山麓要密集得多。如以各种雕塑出名的普化寺、悬崖半空中的观音洞、风景秀美的镇海寺、以有千佛洞而得名的千佛寺等。其中最有特色的，当推台怀镇南两公里的著名大寺**南山寺**。该寺依山而建，整个寺院分为七层。包括三大部分：下三层为极乐寺，中间为善德堂，上三层称佑国寺。共有殿堂300余间，规模之大在五台山首屈一指。

南山寺创始于元代，当时称"大万圣佑国寺"。清光绪年间重修，改称极乐寺。民国时才将原有的三部分连成一体，合称南山寺。其特色是气魄雄伟，寺基海拔1700余米，气势非凡；更兼石雕和泥塑多而且精，题材熔儒、释、道于一炉，堪称台山一绝。

当然，更绝的其实还在五台山中心区以外，即俗称的"台外"地区。历史上五台山中心区寺刹众多，香火旺盛，因而每逢社会波动，往往成为众矢之的。之后又再度兴盛。如此循环往复，使得台内寺庙及雕塑往往与时俱进。相反，倒是台外各寺因位置较偏僻，所受冲击不多，反而更多地保存了古代的面貌。

现存五台山佛寺中，古建筑以及艺术品价值最高的都位于台外。主要有修建于唐代的南禅寺、佛光寺，建于金代的延庆寺和元代的广济寺。

南禅寺位于五台县城西南22公里,阳白乡李家村附近小银河一侧的河岸土崖上,地处五台山的最南端。寺内保存有我国最古老的木结构建筑——大佛殿,在世界建筑史上都享有重要地位。该寺面积并不大,南北长60米,东西宽51米,占地才300多平方米。分两层院落,第一层为生活区,第二层正殿,共有殿堂六座:大佛殿、东西配殿及南过门殿等。其中,三间正殿占到整个院落的一半。

大佛殿为唐代原物,建于唐德宗建中三年(782)。内观为一大间,檐柱12根。殿内正中立有长宽为8.4、6.3米的佛坛,上面供奉着17尊塑像,都是唐代遗物。其风格与敦煌莫高窟的唐代塑像如出一辙。

显然是由于地理位置的关系,这一艺术瑰宝居然在唐后期"会昌灭佛"(845)及以后历次法难、兵灾中逃过无数劫,存世已历1200余年,令人惊叹。东西配殿、南过门殿均为明清重建,与正殿相衬,布局既紧凑巧妙,又主次层次分明。

与南禅寺情况类似,主体建筑同样建于唐代的有**佛光寺**。佛光寺位于五台县城东北 32 千米的佛光山山腰,在豆村镇北 5 公里,距台怀镇 30 多公里。史载该寺创建于北魏孝文帝时,民间甚至有"先有佛光寺,后有五台山"之说。隋唐间,其声名远播长安、敦煌,甚至远及日本。正因为此,其三层七间、高达 32 米的主体建筑弥勒大阁在"会昌法难"中被拆毁。现存的主殿东大殿,是复法后唐宣宗大中十年(856)重建的。

说来可叹,在千余年的风雨沧桑中,这一寺院竟已渐渐地被世人遗忘。直到 1937 年,著名古建筑学家梁思成等三位教授从敦煌壁画的《五台山图》中发现佛光寺,千里寻踪,才让这一沉睡深山千余年的稀世珍宝重新惊现于世人面前。

佛光寺布局疏朗,层层相叠。正殿位于东上方,居高临下,俗称东大殿。大殿中有唐代彩塑 35 尊,分布于 5 间:释迦佛居中,左弥勒佛、右阿弥陀佛,再左右分别为普贤、文殊两尊菩萨。这两尊菩萨的位置与一般寺院不同,一般都是文殊在左、普贤在右,而在此地,文殊和普贤的位次正好相反。这些泥塑的色彩虽经后人重妆，但形体相貌仍存唐代之旧。诸菩萨均垂双辫，尤为他处所罕见。大殿左右四梁下有唐人题字墨迹，内槽栱眼壁外侧和佛座背面则有唐代壁画。梁思成将殿内的唐代木构建筑、泥塑、壁画、墨迹称为"四绝"，引起了国内外学者的高度重视。

寺中的文殊殿亦甚有特色。该殿七间四进，面积610平方米，为我国现存最大的配殿。其屋架粗壮，长跨三间，近似于"人字柁架"，为我国现存木构古建筑的孤例。东大殿与文殊殿前，各有一座唐代石经幢。而寺内外还有很多砖砌的和尚墓塔，形制古老，亦堪称瑰宝。东大殿左墙下初祖禅师塔，为北魏旧物，此外还有唐建和金建墓塔7座。

延庆寺位于五台县西27公里的善文村，离南禅寺7公里。现存大殿三间，深6椽，宽13米，结构及形制与佛光寺文殊殿极为相似，反映了金代建筑的风格。寺内其他建筑多为清代重建。

广济寺则在五台县城内，由于在西街，俗称西寺。

《县志》载其初建于元至正年间（1341—1370），明清时曾局部维修。寺内东西配殿奉观音和地藏，正中为弥陀佛，最后为大雄宝殿。大雄宝殿三进五间，面积290平方米，始建于元，但从营造法式上看，唐宋手法遗留很多。五台山现存元代木构建筑仅此一处。

铜峨眉：普贤道场

普贤菩萨

普贤的梵文音译为三曼多跋陀罗，普贤为意译。另外还有一个意译：遍吉。佛教将应众生机缘而说教的缘起因分称为普贤菩萨法门，以与断绝一切言语思虑的毗卢遮那佛法门相对应。普贤菩萨作为等觉位的菩萨，象征理、定、行，因而信、解、行、证一切普法，都称为普贤。

汉化佛教为"普贤"一词作出了不少解释。《大日经疏》云："普贤菩萨者，普是遍一切处，贤是最妙善义，谓菩提心所起愿行，遍一切处，纯一妙善，备具众德，故以为名。"《大乘经》则称："普贤者，苦行也。"

《华严经·清凉疏》提到："普贤之学得于行，行之谨审静重莫若象，故好象。"因此，峨眉山寺院中的普贤塑像多骑白象。

地理位置

峨眉山位于四川盆地西南缘，东临岷江，南眺大渡河，北依青衣江。行政上属峨眉山市，距成都168公里。核心景区154平方公里。佛教称之光明山。

"峨眉"之名最早见于汉代《益州记》，西晋文学家左思的《蜀都赋》中有"抗峨眉之重阻"之句，由此峨眉之名渐渐流传。唐代大诗人李白有"蜀国多仙山，峨眉邈难匹"之咏，更是让峨眉之名天下闻知。汉以前载籍中名称各异。《山海经》中的西皇人山、《三皇经》中的胜峰，以至西晋时《博物志》中的牙门山，应该都是指此。

宽泛地说，峨眉山包括大峨、二峨、三峨、四峨山四座。其中大峨山最高，主峰金顶3077米，最高峰万佛顶3099米。二峨山在大峨山的东南面，又名绥山，高度仅及大峨山之半。三峨山又在二峨山的东南，高度仅为二峨山之半。四峨山相去甚远，北距大峨10公里，高度更低，又名花山。一般意义上所讲的峨眉，特指大峨。

峨眉以"秀"著称天下。古代讲四川风光，有"四绝"之说：峨眉天下秀，青城天下幽，剑阁天下险，夔门天下雄。峨眉既高且险，又很妩媚，故而被状以"秀"。

兴盛过程

峨眉山现在虽为佛教名山，但最初是以道教著名的。在托名东汉时期道教创始人张道陵所作的《峨眉山灵异记》中，峨眉山便作为皇帝轩辕氏访道处，而被列为道教第七洞天。又有传说云，八仙之一的吕洞宾其得道之处便在峨眉山上的千人洞。

佛教传入峨眉，旧时《峨眉山志》所载在公元1世纪的东汉时期。这当然是很靠不住的。又有一说认为在西晋之初，这也不可信。较为符合事实的当是在东晋。当时改道教的乾明观为佛教的中锋寺，应是全山由道改佛之始。隋唐时期，山上佛教渐趋兴盛，不少道观相继改为佛寺。到清代顺治年间，山上最后一个道观纯阳殿被僧人占领，从此成为佛家的天下。

自峨眉山初染佛法，山上便兴起了对普贤的信仰。东晋慧持在此建普贤寺，确立了该山的文化走向。中唐时，华严宗四祖澄观（738—839）巡礼峨眉，并在《华严经疏钞》中将其当作"普贤境界"，从而为峨眉山成为普贤道场提供了理论依据。

到了宋代，宋太祖派员从成都购铜铸成普贤骑像运赐白水普贤寺，峨眉山作为普贤道场的观念更是深入人心。明代由于朝山风气的盛行，朝野上下齐心合力，峨眉作为朝拜普贤的圣地终于达到极盛。明末山上佛寺达80余座，较南宋时增长一倍有余，鼎盛时僧众多达3000余人。清代这一趋势仍得以继续，清末山上有庵72、寺38、堂15、阁12、殿9、楼5、院6、亭13，共170座。目前，全山尚有寺庙近30座，僧尼约300人。

名寺古刹

峨眉山上的寺庙，当然是与山势地形相结合的艺术品。或隐藏于深林竹海之中，或耸立于高山峻岭之上，随山形走势依次展开。现今仍著名的有：报国寺、伏虎寺、雷音寺、万年寺、洗象池等。

位于山麓、为入山所经的第一寺是**报国寺**。此寺为峨眉全山门户，也是山上最大的佛寺。其原名会宗堂，创建于明万历年间，清康熙时重修。"报国寺"三字为康熙御题。整座寺庙前后共有四座殿宇：弥勒殿、大雄殿、七佛殿、藏经楼，逐层升高。其中七佛殿最为壮观。所供七佛背面又有一尊罕见的巨型瓷佛，通高2.47米，为明永乐十三年（1415）景德镇出品，极为珍贵。同样堪称珍宝的还有一口高2.3米、重达25吨的大铜钟。

从报国寺右上行一公里，为**伏虎寺**。该寺初建于唐，宋代为龙神堂。其后因山上多虎患，寺僧建尊胜幢镇伏，改为今名。清顺治八年（1651）重修，历时20年，成上下13殿，成为当时峨眉山第一大庙。后又广植林木10万余株，有"密林藏伏虎"之称。寺内藏有明正德三年

(1508) 铸造的 14 层紫铜华严塔，高 6 米，塔身刻《华严经》全文 21000 字及 4762 尊小佛像，仍清晰可辨。

居峨眉六大古寺之首的**万年寺**，位于观心岭下的一个空旷的台地上，海拔 1020 米。该寺由慧持初建于东晋，唐时改名白水寺，宋更名普贤寺。明万历时因赐无梁砖殿而赐"万寿万年寺"之额。该砖塔原名普贤殿，高 16 米，每边长 15.7 米，顶上有 5 座小型喇嘛白塔和 4 只吉祥兽。殿内的太平兴国五年（980）铜铸普贤骑象像，高 7.35 米，象身长 4.7 米，共重 62 吨。该像系宋太宗以黄金千两购买赤铜，在成都分段铸成数十块，然后用畜力驮运上山焊接而成。此外寺中还藏有贝叶经、佛牙、御印，号称"峨眉三宝"。

另一个著名的古刹是**中峰寺**。其前身是东晋乾明道人创建的乾明观，其后道众弃道从佛，观改为寺。北宋时该寺曾为著名禅林，传说黄庭坚曾在此静修半年。可惜清代两度惨遭火灾，因而中衰。

洪椿坪因寺前有一株千年洪椿古树而得名，又名千佛庵。该树高达 7 米，据考证系唐贞观年间所栽，300 多年前已枯死。但寺外溪边还保存着另一棵唐栽洪椿树。该寺为明万历五年（1577）所建，现存三殿。第一殿楼上悬挂着一盏千佛莲灯，高1.7米，直径80厘米，平面七边形。七根棱木上各刻金龙一条，横枋、棱柱以及金龙背上又雕出582尊小佛像和许多奇珍异兽，巧夺天工，异常别致。

  值得一提的是，汉化佛寺的布局一般都是坐北朝南，唯独峨眉山上的都坐西朝东。仅金顶上的铜殿例外朝西，但该铜殿已在清代毁于火。

铁九华：地藏道场

地藏菩萨

地藏一词的梵语音为乞叉底蘖沙，译为地藏，取地藏菩萨处于甚深静虑之中、能够含育化导一切众生止于至善之意。

地藏菩萨的本缘故事说法不一。有说他是一个大长者之子的，有说他本来是一个国王的，还有说他本是一个女子的，总之，佛教中常以"众生度尽，方证菩提；地狱未空，誓不成佛"的宏愿，以及"我不入地狱，谁入地狱"的誓言来形容地藏菩萨的慈怀悲悯。

汉化佛教自隋唐以后，对地藏菩萨的信仰极为兴盛。

而且在唐中叶以后，还创造出了一个属于本土的地藏菩萨。

这位地藏菩萨俗家姓金，号乔觉，为新罗国王的族人。他生着一副奇相，"顶耸奇骨"，而且"特高才力，可敌十夫"，可以说看起来像个恶汉。但这样一副恶貌的背后，却藏着深深的慈心。他出家后来中国参学，走到九华山，心下欢喜，于是便在山谷中住下，精修苦行。周围的信众大为感动，郡守也很钦仰，不久便为其建造寺院。他本国闻知后也有不少人寻来，其道大行。到贞元十九年（803）夏去世，据说寿年已99岁，推算当是公元705年出生。从此，他便成为汉化佛教的地藏菩萨，而九华山也就成了专门的地藏道场。

地理位置

九华山位于安徽省南部的池州境内，东临太平湖，南望黄山，北瞰长江，距池州53公里、芜湖167公里、黄山156公里。山势峋嵯，相传有99峰，其中以天台、莲华、天柱、十王等九峰最雄伟，主峰十王峰海拔1342

米，为最高点。

九华山的得名很晚。唐诗人李白有诗云："昔在九江上，遥望九华峰；天河挂绿水，秀出九芙蓉。"从此"九华山"之名才大著于世。那之前名称不一，汉代最早见于记载时，只是被以其县名代替，称陵阳山。之后又被称为九子山，其得名是因为"此山奇秀，高出云表，峰峦异状，其树有九"，一说是因为其后山九子岩。显然后一说不大可信。

弘教历史

据过去的地方志和《九华山志》所载，早在东晋，便有天竺僧人杯渡来九华山创建茅庵。这一说法与同类资料中的无数传说一样，当然是完全靠不住的。较为可能的情形是，南北朝时大概就有僧人在此静修，但并不知名。与峨眉山的情形类似，此山原本只是道教的分布范围。唐开元末年，原杯渡茅庵得到国家正式赐额，有僧檀号居之，不久被当地豪强焚毁。直到唐代的极盛时期天宝年间，金乔觉来到九华山东崖的石洞中习静，至德初年（756）建化成寺，从此九华山的香火开始兴旺。

唐代后期，九华山地区陆续兴修了不少寺院。据统计，到唐末时，已达22座。不过这些寺院都分布在九华山外围，而且在唐末的灭佛运动中遭受到破坏。宋代九华山的佛教不仅得以恢复，还兴修了一批颇具规模的新寺，其分布向九华山中心挺进，并吸引了一批著名的高僧。

明代再次为九华山的佛教发展带来了机运。从明太祖朱元璋起，朝廷多次向九华山的寺院拨款、赐经；社会上的朝山风气也为它推波助澜。九华山上的寺院数量急剧上升。明后期山上寺院有70余座，加上一些茅篷、精舍，实际上已过百。入清以后，这一势头更有所飙升，不仅兴建了许多寺院，而且寺院的规模急剧扩张。仅化城一寺，僧人就达三四千人之多。据统计，清中叶九华全山寺庙达156座。由此形成了"香火之盛甲于天下"的局面。

清后期受到太平天国战乱的影响，九华山的佛教急剧衰落。十年间，化城寺的寮房由原来的72家顿减至10

余家。同治二年（1863）战火平息以后，稍稍有所恢复。到清末，全山寺院约有80余座。民国时期，九华山佛教渐渐又恢复到接近清中叶的水平，但经过抗日战争，再次遭受巨大的破坏。新中国成立初期，九华山的寺院虽然仍有145座，但僧尼不到200人。

现在九华山有寺庙94座，其中全国重点寺庙9座、省级重点寺庙30座；僧尼800多人。

寺庙建筑

在清中叶以前，九华山的寺庙以化城寺历史最悠久，且规模最庞大。清末，祇园寺、甘露寺、百岁宫、东崖寺号称九华"四大丛林"。目前肉身宝殿、祇园寺、化城寺、百岁宫、甘露寺、上神堂、慧居寺、大台寺、旃檀林九座为全国重点寺院。

九华山的寺庙遍布全山，昔人曾有言云："九华千寺，撒在云雾里。"但是也有两个相对较为集中的所在：九华街、闵园。尤其前者，密布着20多座寺庙、7座佛塔，包括九华"四大丛林"中的三大。

九华街位于九华盆地。该盆地本来是第四纪冰川侵蚀而成的冰斗，底部海拔500米左右。九华街长仅500余米，为香客集散中心和交通枢纽。

位于九华街东北、东崖峰西麓，为九华诸峰入口第一大寺的是**祇园寺**。该寺原为开山主刹化城寺的东寮之一，原名祇树庵，始建于明嘉靖年间。咸丰年间毁于兵火，光绪八年（1882）重建殿宇，开坛宣戒，寺得以中兴，成为十方丛林。其殿宇庄严宽敞，为全山之冠。僧房100余间，可接纳1000人；伙房内有7口铜质大锅，最大的一口一次可煮米200公斤，人称"千僧灶"。该寺分三进，第一进为门厅，第二进为天王殿，第三进为大雄宝殿。大雄宝殿巍峨瑰丽，坐东朝西，面向化城寺。禅房依偎在大殿的东、西、北三方，以民居式与大殿的宫殿式相组合，顺应地势，错落有致，结构曲折，布局精巧。

化城寺作为九华山的开山主寺、地藏菩萨道场，不仅历史悠久为全山之冠，而且位置上也位于九华盆地中心。东面东崖、南面芙蓉峰、西边神光岭、北边白云山，四山环拱如城。其寺额始置于至德初年（756），其址在檀公寺基；建中初年（780）于此置新寺，移旧额于此，遂成大伽蓝，规制长期居九华诸寺之首。明洪武二十四年（1391）重建殿宇及诸堂、土库，成为九华山总丛林。后两度遭灾而重兴。清人《九华山志》称："天下佛寺之盛，千僧极矣，乃九华化城寺，当承平时寺僧且三四千人。寺不能容，则分东西两序；又不能容，各分十余寮至六七十寮之多。"咸丰七年（1857）毁于太平天国兵火，仅余藏经楼。现存建筑为光绪十六年（1890）重建，1981年重修后辟为"九华山历史文物馆"。

化城寺坐北朝南，前有放生池和面积达1864平方米的广场。殿宇四进，具有典型的皖南传统民居的建筑特征。平面布局严整对称，殿宇台基分三层逐层递升。第一进灵官殿，第二进天王殿，第三进大雄宝殿，第四进为藏经楼。其中，藏经楼保持明代建筑风貌，为九华山珍贵文物荟萃之处。

在祇园寺所靠的摩空岭上，坐落着另一大丛林：**万年寺**，又称"百岁宫"。该寺始建于明万历年间，名"摘星庵"。1630年，崇祯皇帝赐庵名"百岁宫"。其建筑风格与祇园寺截然不同，祇园寺金碧辉煌，雕梁画栋，万年寺白墙黑瓦，朴素肃穆；祇园寺廊庑萦回，逐层升高，万年寺则上下连贯，一气呵成。祇园寺的艺术巧夺天工，而万年寺的建造顺应自然。

万年寺于道光年间重修、扩建，成为十方丛林。咸丰三年（1853）毁于兵火，光绪五年（1879）重建。该寺坐北朝南，5层高楼，融山门、大殿、肉身殿、库院、僧舍、客房和东司（厕所）为一体。从正面看大殿，只有1层楼，大殿的厢房为两层楼；从后门看，东侧墙高达55米，为5层楼。屋顶则是一个完整的四落水顶。佛龛依地势筑在长4.5米、高2米的岩石上。1998年又在其南面东崖之巅新建了五百罗汉堂。

"四大丛林"中，历史最早、从金乔觉"宴坐岩"发展起来的东崖寺已在民国年间毁于兵火；而资历最浅的**甘露寺**，如今仍是全国重点寺院，还是九华山佛学院的所在地。此寺位于九华山北面登山公路中段一侧的定心石下，原名甘露庵，始建于清康熙年间。乾隆年间扩充殿宇，开坛传戒，成为一大丛林。道光和同治年间两度遭兵毁，不久都得以重修。现存大雄宝殿、配殿及寮房，坐南朝北。大雄宝殿为宫殿式，而其余三组建筑为皖南民居式，灵活多变，因地制宜。

除了"四大丛林"，九华街上的重要寺院还有位于神光岭的"**肉身宝殿**"，原名"金地藏塔"。始建于唐代。金乔觉于化城寺圆寂后第三年，僧徒开函，见他肉身颜面如生，摇动骨节，发出金锁响声，于是认为是菩萨降世应化的征兆。从而在其晚年读经的南台上建三层石塔，安葬肉身。俗称肉身塔，又称地藏坟。到宋代建立塔院。到明代又建殿以护塔，万历中赐额"护国肉身宝殿"。康熙年间重修殿宇。清末屡次遭毁而复建，现存建筑为1990年代重建。前殿供十殿阎罗法像，后殿供金地藏铜像。高达5米，重4.5吨。每年农历七月初三为地藏成道日，朝香之人极多。

神光岭东南的半山腰，坐落着另一所全国重点寺院**上禅堂**，原名景德堂，创建于明代。清康熙六年（1667）因新修殿宇而改名。咸丰年间曾毁于兵火，同治以后中兴。现存为清末民居式建筑，坐北朝南，山门东开，可谓别具特色。大雄宝殿与韦驮殿南北相对，两组建筑依山势分布在两级台阶上。过去称其有三最："九华香火甲天下，唯上禅堂最贫；风景唯上禅堂最佳；院宇唯上禅堂最丽。"

天台寺位于天台与玉屏峰之间，又名地藏寺、地藏禅林，相传为金乔觉禅居之地。宋代建寺，明初成丛林。清代得到发展。清中叶天台峰周围八刹48庙，均从属于它。道光年间荒废，咸丰年间毁于兵火。光绪十六年（1890）重建。现存建筑主要为1990年代重建。

旃檀林则位于九华街西南，又称"旃檀禅林"。始建于康熙年间，为化城寺72寮房之一。其得名源于寺后琵琶形山丘上的古树。咸丰年间遭兵毁，光绪时重建。其建筑由四座厅堂式民居和宫殿式大雄宝殿组合而成。1990年代于老大殿旧址建成大悲殿、大愿殿。

与一般的佛教名山都有前山、后山之分一样，九华也分前、后二山。据说明代以前朝九华的大多是去后山，后来朝前山的渐多，盛极一时的后山反倒渐渐受到冷落。

上述各寺院都在前山。其实后山不仅风景秀丽，古色古香的寺院也很多，有些古寺院甚至传说创建于唐宋年间。净信寺便是据说创始于唐代初年的一座古寺，其前身为碧云庵，因碧云峰而得名。开元年间赐额，一直沿用至今。明代以前香火很旺，后来九华山佛教中心西移，靠近青阳县城的这一带寺庙也就日趋衰落了。同此命运的还有法乐院、九子寺、翠峰寺、净居寺等古寺院。唐五代期间九华山共有22座古寺，宋代增至43座，这些寺院大多分布在九华后山至青阳县城一带。

叄

天下名山僧占多

各地佛教胜迹

除了普陀、五台、峨眉、九华四大佛教名山，茫茫禹迹中，其他各地的佛教胜迹也所在多有。过去有一副著名的对联：世间好语佛说尽，天下名山僧占多。其中，前半包含一定的宗教内容，在此姑且不论；但其后半则是写实。揆诸中国两千年来的历史事实，这一描写应该说并不虚妄。

现在对一些影响较大的寺院择要进行介绍。选择的原则，大体上兼顾现实和历史。为说话的方便，分华东、华南、华中、华北、西北、西南六个地区。需要说明的是，这种划分并不是一种严格的地理区划，只是根据我们个人的一种感觉。

华东

上海

玉佛寺：位于安远路160号。其历史并不长，创建于清光绪九年（1882），但就目前而言，它无疑是沪上诸寺中影响最大的，为上海市佛教协会所在地，在全国享有盛名。寺以供养缅甸玉雕释迦牟尼说法像及涅槃像而得名，分前后两院落，前院轴线上依次为大照壁、天王殿、大雄宝殿、玉佛楼。东山门以东，依次为上海市佛教协会、观音殿、上海佛学院、禅堂、五观堂和素斋部。西山门以西，依次为客堂、寺务处、库房、铜佛殿、卧佛殿、法物流通处、上客堂和乐志堂。后院由多功能讲堂、客房、办公区、教学区、宿舍区等组成。玉佛楼供奉的玉佛坐像为镇寺之宝。其藏经之富，社会影响之广，居国内寺院前茅。

龙华寺：位于上海龙华路2853号，旧称南郊龙华镇。相传始建于三国吴赤乌十年（247），为上海历史最悠久的大寺庙。宋代称空相寺、龙华教寺，元末毁于兵火，明永乐年间重建。现存建筑为太平天国后同治九年（1870）重建，山门之后为弥勒殿，而非常见的天王殿，是为特色。之后为天王殿、大雄宝殿、三圣殿、方丈室、藏经楼，全部为宫殿式建筑。寺前有古龙华塔，七层八面砖木结构。自明以降，每年农历三月三的龙华庙会影响深远。"龙华晚钟"为往昔"沪上八景"之一。其青龙铜钟重达5吨余，现每年新春撞钟活动颇为热闹。

静安寺：在南京西路1686号，为江南著名古刹，相传亦建于三国吴赤乌年间。原在吴淞江（今苏州河）北岸，初名重玄寺，唐代改名永泰禅院。北宋大中祥符元年（1008）始改今名。南宋嘉定九年（1216）为避洪水侵蚀迁于今址，元代蔚为巨刹，屡有兴废。清光绪七年

(1881)重修,每年农历四月初八日佛诞日有大型庙会。由于其住持长期兼上海县僧会司僧会,地位渐居沪上各寺之首。民国时兴办小学、施诊所、佛学院,并为中华佛教总会本部,社会影响极大。近现代名僧住持极多。现主要建筑有山门、天王殿、大雄宝殿、三圣殿、方丈楼、念佛堂等。

江苏

南京灵谷寺:位于钟山(紫金山)东侧。原名开善寺,始建于南朝梁天监十三年(514),乃梁武帝为安葬名僧宝志而建。原在紫金山独龙阜,即明孝陵所在;明洪武十四年(1318),为建孝陵而迁今址,改今名。寺内有标志性建筑灵谷塔,高66米,九层八面。珍贵文物宝公塔,墓碑上为唐代名画家吴道子画像、李白作像赞、颜真卿书,人称"三绝碑"。

南京栖霞寺:位于南京东北22公里栖霞山中峰西麓,民国时"天下四大丛林"之一。占地40多亩,其规模为南京之最。始建于南齐永明七年(489),初称栖霞精舍,唐改名功德寺，后屡有改名，明洪武年间复定名栖霞寺。隋三论宗祖师吉藏在此开创三论宗。现有山门、弥勒殿、大雄宝殿、毗卢殿、藏经楼等建筑。寺外南侧舍利塔为我国最大的舍利塔。其后山崖上的千佛岩系一组开凿于南朝时期的石窟，有佛像500余尊，最大的无量寿佛高达10米，极为珍贵。该寺现为江苏省佛教协会驻地。

苏州寒山寺：位于苏州阊门3公里外的枫桥镇，创建于南朝梁天监年间。原名"妙利普明塔院"，相传唐中叶天台宗高僧寒山、拾得住此，故名。其寺在佛教史上本不甚有名，但唐诗人张继著名的《枫桥夜泊》一诗："月落乌啼霜满天，江枫渔火对愁眠；姑苏城外寒山寺，夜半钟声到客船。"由此名垂千古。该诗碑原为明文徵明书写，现为清末俞樾重书。主要建筑为明末清初所建，有大雄宝殿、藏经楼、碑廊及钟楼、枫江楼等。其新年钟声108响名扬海内外。

苏州灵岩山寺：位于苏州市西南15公里外的木渎镇灵岩山上。原为春秋时吴王夫差馆娃宫旧址，所馆之娃即著名古典美人西施。东晋末为寺，唐得今名。寺建于山巅，东为塔院，西为花园，中为殿宇。轴线上有弥勒阁、大殿、念佛堂三进殿堂。塔院以灵岩塔为中心，八角七层，为寺内最有特色的古建筑。寺内有宋元明清碑刻147块，镇寺之宝为唐伯虎书《落花诗》。民国时净土宗大师印光住于此，因之成为净土宗著名道场。

扬州大明寺：位于扬州市西北郊蜀冈山，为著名的平山堂所在。始建于南朝刘宋大明年间（457—464），因年号而得名。唐代鉴真和尚东渡日本前曾住持此寺，因而该寺为中日佛教交流史上的名刹。现有1973年为纪念鉴真圆寂1200周年所建的纪念堂，仿日本奈良唐招提寺模式，包括碑亭、长廊和纪念堂三部分。大殿西侧平山堂为北宋欧阳修任扬州太守时所建。堂西为古典园林西园，园内有天下第五泉。寺内有传奇名花琼花，号称天下无双。

扬州高明寺：又作"高旻寺"，位于扬州市南门外。相传创始于隋，其历史不可考。清顺治八年（1651）在此造塔建寺，名"塔庙"，康熙年间赐额。俟后禅规整肃，为清代扬州八大名刹之一，与镇江金山、宁波天童、常州天宁齐名，并称为"禅宗四大丛林"。

句容**隆昌寺**：位于句容市宝华山，距南京约30公里。相传创建于南朝梁天监元年（502），因宝志和尚而得名宝志公庵，后改名千华寺。明神宗赐额"护国圣化隆昌寺"，清康熙下江南时御书"慧居寺"，因又称慧居寺。明崇祯十一年（1638），三昧寂光律师于此开坛授戒，盛极一时，为明清以来律宗第一名山。1900年受戒者达1200余众。其《传戒正范》为全国各寺庙授戒仪规蓝本，其唱念也成为佛教寺院的律腔。在东南亚及日本享有盛誉。

浙江

杭州**灵隐寺**：位于杭州西湖以西飞来峰旁，为江南最负盛名的大刹、古刹之一。又名"云林禅寺"，始建于东晋，相传为印度高僧慧理所创。慧理认为飞来峰与天竺的灵鹫峰极为相似，因名山为"飞来"，又以其山为"仙灵所隐"，而名寺为"灵隐"。著名的济公即在此出家。五代时两次扩建，成为有九楼、十八阁、七十二殿堂的大寺，房屋1300余间，安僧3000余众。为著名的禅宗十刹之一。现有天王殿、大雄宝殿、药师殿、东西庑殿、大悲阁、联灯阁等建筑。其大殿高近33.6米，为国内著名大型古建筑之一。其文物有两座经幢和两座石塔。经幢为柱状佛教石刻，公元969年吴越国王建，原置于钱氏家庙。石塔建于公元960年。

杭州净慈寺：位于西湖之南、南屏山慧日峰下，为西湖边上第二名刹。寺内的"南屏晚钟"为旧时"西湖十景"之一。寺创于公元954年，名"慧日永明院"，系五代吴越王钱镠为永明禅师而建。北宋改名"寿宁禅院"；南宋改称"净慈寺"，并建五百罗汉堂；为禅宗"五山"之一。屡有兴废，清代修建5次，大致复旧，布局规模与灵隐寺南北相抗。其大殿西侧有济祖殿，供济公和尚，以此该寺在民间影响深远。每年四月初八的放生法会蜚声海内外。

杭州天竺寺：包括上、中、下三个天竺寺，统称三天竺寺，位于西湖最西边的天竺山中。创建年代稍晚于灵隐，以下天竺最古，中、上天竺次之。下天竺位于灵隐山麓，东晋咸和初（326）西天竺僧慧理于此建灵鹫寺，隋开皇间拓建为南天竺寺，唐贞元二十一年（805）赐额"后天竺灵山寺"。唐末毁于兵火，吴越王钱镠复兴之，号五百罗汉院。宋代大弘天台宗，南宋初改名荐福寺，后复称后天竺灵山寺。清乾隆时改称法镜寺。中天竺又称法净寺，位于下天竺南、稽留峰北，隋唐间创建。宋初名崇寿院，徽宗时改称"天宁永祚禅寺"，元代复改"天历永祚禅寺"，与灵隐寺、净慈寺齐名。上天竺位于中天竺寺南、白云峰北，初兴于五代十国，称天竺看经院，宋英宗治平二年（1065）赐额"天竺灵感观音院"。乾隆时改名法喜寺。

宁波七塔寺：位于宁波市江东区百丈街，与名刹天童、育王、观宗并称"浙江四大丛林"。始建于唐大中十二年（858），宋大中祥符元年（1008）赐名"崇寿寺"。明初因倭寇作乱，迁舟山群岛居民于宁波江东，并将国昌宝陀寺并入崇寿寺，大雄宝殿供奉观音，改名为"补陀寺"，又被称作"南海普陀""小普陀"。清康熙二十一年（1682），寺前建七座佛塔，故有"七塔寺"之称。光绪年间重修、扩建，赐额"七塔报恩寺"。其主要建筑有天王殿、大雄宝殿、三圣殿、中兴法堂、藏经楼、大钟楼、方丈殿、玉佛阁等，为宁波保存较完好的佛教古建筑群。大殿正中供奉千手观音像，为其最大特色。另外还较完整地保存着历代石刻、碑碣、藏经等珍贵文物，包括：宋铸大铜钟两口，清龙藏一部。民国时传戒讲经，办佛学院，法事甚为兴隆；现为宁波市佛教协会所在地。

宁波天童寺：位于浙江宁波市东25公里的鄞州区东吴镇太白山麓，距镇政府东偏南10公里。以天赐神童侍奉圣僧而得名。相传晋永康元年（300），义兴在东谷建"太白精舍"；唐至德二年（757），精舍迁太白峰下今址。乾元二年（759）赐额"天童玲珑寺"，宋景德四年（1007）赐额"景德禅寺"。南宋为"五山十刹"之第三山。明洪武十五年（1382）赐额"天童禅寺"，册定为"天下禅宗五山"之第二。崇祯八年（1635）奠定今寺规模。现占地7.64万平方米，建筑面积2.88万平方米，其布局循山势层层递升。轴线上有天王殿、佛殿、法堂、先觉堂、罗汉堂，东边为伽蓝殿、云水堂、自得斋、立雪轩，西边则对称地分布祖师殿、应供堂、静观堂、面壁居等。殿、堂、楼、阁、轩等凡30幢，720余间，其规模在汉地佛教寺院中较为宏大。宋代日本僧人道元来此求法，回国后创立曹洞宗，成为日本佛教三大派之一，因而日本曹洞宗尊天童寺为祖庭。

宁波阿育王寺：位于宁波市东20公里的鄞州区五乡镇鄮山西麓，在镇政府东7公里。相传始建于晋太康三年（282），高僧慧达求得舍利宝塔在此守护，南朝梁普通三年（522）建殿堂，赐寺名。南宋时为"五山"之二，明初为"天下禅宗五山"之第五。现占地12.41万平方米，建筑面积2.34万平方米，有殿、堂、楼、阁625间。其布局依托山势，以天王殿、大雄宝殿、舍利殿三大殿为中心，自上望之犹如梵宫。此外有般若塔，东塔建于育王山冈，西塔在山麓。为保存较完好的古建筑群，在国内外有着重要影响。

天台国清寺：坐落在天台山南麓，距天台县城约3公里。为中日韩天台宗祖庭。建于隋开皇十八年（598），由灌顶大师在智者大师圆寂四年后主持修建，初名天台山寺，大业元年（605）赐额"国清"。"会昌灭佛"中受到破坏，大中五年（851）重兴，名"大中国清寺"。宋景德二年（1005）改名"景德国清寺"。南宋易教为禅。元明时屡有兴废，清雍正十一年（1733）重建，奠定今建筑格局。现占地约7.3万平方米，存清代重建殿宇14座，坐北朝南，而山门朝东。寺内建筑分布于5条轴线上，共四殿、四堂、五楼和三亭。中轴线上有山门（弥勒殿）、天王殿（雨花殿）、大雄宝殿。殿东侧有隋梅，寺前东南方有隋塔，高59.3米，六面九级，砖壁上雕有佛像，极为精美。此外，寺前有汉地佛寺首创的放生池。该寺自1973年整修开放，在日本、东南亚一带影响很广。其附近尚有智者塔院、高明寺、方广寺等佛教胜地。

华南

广东

广州**光孝寺**：位于广州市光孝路北端，为岭南历史最悠久、规模最宏大、影响最深远的古刹。其历史素有"未有羊城，先有光孝"之说。寺址初为南越王赵建德故宅，三国时虞翻谪居于此，世称"虞苑""苛林"。虞翻死后舍宅为寺，名"制止寺"，是为广州建寺之始。东晋称"王园寺"，唐改为"乾明法性寺"，北宋初称"乾明禅院"，南宋绍兴二十年（1127）诏改"报恩广孝禅寺"。明成化二年（1466）定为"光孝寺"。由于地处中国古代长期唯一的对外口岸，常有中外高僧在此驻锡。禅宗的实际开创人六祖慧能即在此寺落发,现尚存菩提树、瘗发塔。建筑规模居岭南丛林之冠。原有11殿,现存山门、天王殿、大雄宝殿、钟鼓楼、伽蓝殿、六祖殿、东西铁塔、大悲幢等建筑。其大雄宝殿之雄伟居岭南之最,它保存了唐宋的建筑艺术,其风格为全国古建筑中所仅见。东西铁塔建于五代南汉,东塔保存完整,高7.5米,为我国现存最古的铁塔,极为罕见。

曲江南华寺：坐落在曲江县马坝镇东南6公里的曹溪之畔,距韶关市区22公里,禅宗六祖慧能弘扬"南宗禅法"的发祥地,有岭南第一禅寺之称。始建于南朝梁武帝天监元年(502),名"宝林寺",唐神龙年间先后易名"中兴寺""法泉寺",宋开宝元年(968)改为"南华禅寺"。现有建筑面积1.2万平方米,前后七进,除灵照塔、六祖殿外都建于民国时期。其布局可分三部分,前面是曹溪门、放生池、五香亭、宝林门,中间是天王殿、大雄宝殿、藏经阁,后面是六祖殿。六祖殿中供奉着六祖慧能及憨山、丹田三位大师的真身。寺中还珍藏着大批珍贵文物,如六祖慧能的千佛袈裟、360尊北宋木雕罗汉像等。寺后有9棵树龄500年的水松,亦相当珍贵。

乳源云门寺:位于乳源县东北6公里的云门山慈悲峰下,为禅宗"一花五叶"之一叶的云门宗开宗道场。始建于公元923年,为慧能九传弟子文偃所创。初名"光泰禅院",后改"证真禅寺",南汉时又改为"大觉禅寺",其名沿用至今,俗称"云门寺"。该寺到民国时已渐衰废,1943年,虚云大师使其重光,宗风大振。现存主要建筑有山门、天王殿、大雄宝殿、法堂、钟楼、禅堂等。1992年开办云门佛学院。

福建

福州涌泉寺:位于鼓山山腰,为福州五大禅林之首。创建于五代开平二年(908),宋真宗时赐额"涌泉禅院"。明永乐五年(1407)赐名"涌泉寺",现今匾额为康熙御题。占地25亩,大小殿堂25座,主要有天王殿、大雄宝殿、法堂、千佛陶塔、藏经楼、印经楼等。基本上保持了明代嘉靖年间的布局,以大殿为中心,沿山坡层层上升。整座寺院藏在山峰之间，素称"入山不见寺，入寺不见山"。寺中有陶塔、雕版、血经三宝，和铁树、铁锅、铁丝木三铁。陶塔一对，八角九层，高七米，烧制于北宋元丰五年（1082），塔上有1038尊佛像，极为罕见。佛经、佛像雕板13375块，驰名国内外。历代高僧刺血书经657册。近代以来大德云集，法事极盛，日本佛教学者称之为"中国第一法窟"。

泉州开元寺：位于泉州鲤城区西街，为福建省最大寺院。创建于唐垂拱二年（686）。主要建筑有天王殿、大雄宝殿、戒坛、藏经阁、水陆寺、檀越祠、准提禅林。占地7.8万平方米，房屋500余间。其山门即天王殿，虽为民国修建，但石柱保持了唐代风格。大殿为百柱殿，明末重建，九间六进，通高20米，亦大有唐风。殿中供密宗系统的五方佛。殿后甘露戒坛，与北京戒台寺、杭州昭庆寺的戒坛合称为"中国三大戒坛"。藏经阁中有20余卷宋版经书，堪称稀世珍宝。寺中所供1.8米高毗卢舍那佛，亦为国家一级文物。其双塔尤为有名，为宋代建筑，东边镇国塔高48米，西边仁寿塔高44米，二塔均为框架式结构,正中塔心柱直贯各层,结构异常坚固精巧。西塔内供男性有须观音。寺外有泉州海外交通史博物馆。

华中

江西

庐山**东林寺**：位于庐山西北麓，北距九江16公里，因居西林寺之东而得名。为中国佛教净土宗发祥地。由东晋名僧慧远创建于公元386年。该寺坐北朝南，背依锦绣谷，南对香炉峰。寺前有虎溪。慧远在此寺隐居三十载，开观像念佛法门。唐代臻于极盛，殿堂楼宇达300多间。现存建筑为1978年以后修扩而成。历史上许多文化名人如陶渊明、李白、白居易、柳公权、苏轼、黄庭坚、陆游、王阳明与此曾有过因缘。

青原山**净居寺**：位于吉安市东南15公里。始建于唐景龙三年（709），为禅宗七祖行思所创。原名"安隐寺"，宋崇宁四年（1105）改今名。青原法脉衍为曹洞、云门、法眼三家，影响及于日本、朝鲜、东南亚。此寺屡经兴废，近年修复，有天王殿、大雄宝殿、毗卢阁、藏经楼。寺内有千人铜锅、百斤香炉和千斤大铜钟等古物。历代文人在此留下墨迹、诗篇甚多。

湖南

长沙**麓山寺**：位于长沙市河西岳麓山上，为竺法崇所创。相传其时在西晋，据《高僧传》考之，当在公元4世纪末至5世纪初。山门联云："汉魏最初名胜，湖湘第一道场。"原在山麓，宋初其址建岳麓书院后，移于今址。明万历年间赐额"万寿禅林"。明末毁于兵火，清初重建；1944年又毁于日军战火，仅存山门及观音阁。现有弥勒殿、大雄宝殿、五观堂、钟鼓楼等建筑，为湖南省佛教协会所在地。唐李邕（北海）所书《麓山寺碑》为书法名迹。

长沙**开福寺**：位于长沙城北新河与湘江交汇处。原为五代时割据湖南的"马楚"行宫会春园的一部分，公元927年建寺。宋徽宗时，住持道宁禅师将临济宗杨岐派禅法传与日本僧觉心，因而日本临济宗视之为祖庭。现存建筑主要为清光绪年间重建，有山门和三圣殿、大雄宝殿、毗卢殿三大殿，占地面积4.8万平方米，建筑面积1.6万平方米。清末名僧寄禅、笠云与著名诗人王闿运等僧俗19人在此组织碧湖诗社。1994年被定为尼僧修学道场。

衡山福严寺：在掷钵峰下，距半山亭约2.5公里。南朝陈光大二年（568），天台宗先导慧思和尚创建，名般若寺；唐开元间，禅宗六祖慧能弟子怀让和尚以此为道场。宋改名福严寺。山门联云："六朝古刹，七祖道场"；盖当时有人以怀让为禅宗七祖。寺在山谷中，前后均有石岩，左山有唐李泌题"极高明"刻石。建筑有岳神殿、祖堂、莲池堂、禅堂、斋堂、藏经阁、法堂等。

衡山祝圣寺：位于南岳大庙东南侧。创于唐肃宗时高僧承远，名弥陀台；其弟子承远大历末（779）被尊为国师，代宗赐"般舟道场"之号。贞元年间（785—805），赐额"弥陀寺"。五代时，马殷于其旧址重建"报国寺"。太平兴国间（968—976）更名"胜业寺"。后屡经废兴，雍正五年（1727）更名"祝圣寺"。主要建筑有前殿、正殿、藏经阁、方丈室、罗汉堂等。现为南岳佛教协会所在。

衡山**南台寺**：在瑞应峰下，有"天下法源"之称。梁天监年间，海印和尚在此修行。寺后左边南山岩壁上，有一大石如台。唐代正式创寺，后废，宋乾道元年（1165）重修。明初又废，弘治年间又重建。清初又废，僧徒在山下各建小寺。光绪年间重振。佛殿四进，有山门、弥陀殿、大殿、法堂、祖堂等。此寺之著名缘于希迁，人称石头和尚，传青原行思之法，唐天宝年间在此修禅，与江西道一齐名。史称"自江西主大寂（道一），湖南主石头（希迁），往来憧憧，不见二大士为无知矣"。日本曹洞宗奉此寺为祖庭。

湖北

当阳**玉泉寺**：位于当阳县西15公里的玉泉山东麓。

该山又名覆船山、覆舟山，相传东汉末年就有普净和尚在此结茅为庵。南朝时不少高僧在此山习静，声名远播。隋初天台宗实际创始人智者大师创建此寺，其法脉兴盛，在唐前期倾动朝野。武则天时，禅宗北宗神秀从黄梅东山来此修习禅法，其影响亦渐及京师及中原一带。宋天禧五年（1021）扩建，"为楼者九，为殿者十八，三千七百僧舍"，占地"左五里，右五里"，改名为"景德禅寺"，蔚为荆楚丛林之冠。明末变成"八堂十三家"，经济上各家独立，宗教活动统以毗卢殿为令。新中国成立时全寺有殿宇50处，共396间，建筑面积达120亩。其主体建筑大雄宝殿修建于明成化年间，九间七进，占地1253平方米，为湖北现存最大最古的木结构建筑。寺前建于北宋嘉祐六年（1061）的"如来舍利宝塔"为国内现存最高、最重、最大的铁塔。为了适应北风，铁塔上半身向北倾斜，堪称中国冶金史上的杰作。大殿前还有一个隋代铁锤，重达1.5吨。古典文学名著《三国演义》中有"玉泉山关公显圣"的故事，为此山寺平添了一层神话色彩。

黄梅五祖寺：位于黄梅县东 12 公里，由禅宗五祖弘忍创建于唐咸亨年间（670—674）。当时称东山寺，后世得今名。寺建于东山之阳，极盛时有殿宇、庵堂和亭台楼阁 1000 余间。现有建筑面积近 5 万平方米，依山势分上、中、下三部分，天王殿、大雄宝殿、毗卢殿、真身殿四大主殿处于中轴线上。真身殿为全寺主体，非常气派，真身早已不存，仅供塑像。毗卢殿又号麻城殿，据说当初是麻城县善信修建的。此外还有圣母殿、千佛殿等建筑。寺后的大满禅师石塔，相传为五祖弘忍埋骨之所。

汉阳归元寺：在汉阳翠微峰下。始建于清顺治年间，基址为明代私人花园，经道光赐创始者白光以曹洞宗祖师之印，地位大为提高。有"上有宝光（成都）、下有西园（苏州）、北有碧云（北京）、中有归元（武汉）"之说。分为东、西、南、北、中五个院落，占地两万平方米，现存殿堂楼阁 28 栋，整个平面布局呈"袈裟"之状。在"文革"中保存完整，特别难得。其特色建筑为五百罗汉堂，采用"脱胎漆塑"工艺，独具一格。

华北

河南

洛阳**白马寺**：位于洛阳以东 12 公里，为佛教入华后第一座官营佛寺。初建于东汉永平年间、公元 67 年左右，为安置摄摩腾、竺法兰两位天竺高僧，依其所述天竺式样建造。名曰"白马"，以纪白马驮经之功。为汉地佛教祖庭，亦称"释源"。建成后屡有兴废，唐武则天时曾大修，能住僧千人，奠定今天的规模和格局。宋、金、元、明各代均有增修。今存建筑格局为清康熙五十二年（1713）重修而成，坐北面南，占地 200 亩，山门后轴线上有天王殿、大佛殿、大雄殿、接引殿、毗卢阁五进殿堂。大雄殿为元代重建，殿内塑像大多为元代风格。山门外东200米有齐云塔院。该塔前身为如来舍利塔，现存为密檐式13层方形砖塔，高35米，重建于金大定十五年（1175），为洛阳现存最早的古建筑。

嵩山少林寺：在登封县西北13公里，少室山北麓五乳峰下。始建于北魏太和十九年（495）。北周一度名为"陟岵寺"，隋代复旧。北魏后期，天竺高僧菩提达摩在此修禅，创立中国禅宗，因而此寺成为禅宗各派共同的祖庭。同时还是少林派武术的发祥地。唐前期其规模极为兴盛，房屋五千余间，僧徒达千余众。唐末后渐衰，后屡次重兴，宋元时寺僧仍达两千余人。清代雍正十三年（1735）重修，1928年天王殿、大雄宝殿复毁于兵火。现存主要建筑七进：山门、天王殿、大雄宝殿、藏经阁、方丈室、立雪亭、千佛殿。面积约四万平方米，分前后六所院落。此外还有寺西的著名塔林、寺西北的初祖庵、达摩面壁洞、寺西南钵盂峰下的二祖庵、寺东太室山麓的三祖庵，以及分散在寺周围的古塔、碑刻等。

三　天下名山僧占多

开封**相国寺**：位于开封市自由路西段。始建于唐景云二年（771），睿宗亲题"大相国寺"匾额。破土时曾挖出北齐建国寺旧碑，称该寺建于北齐天保六年（555），原为战国魏公子信陵君故宅。北宋时成为全国最大的皇家寺院，占地为现在的18倍，达540余亩，辖64个禅院、律院，僧众千余人。《水浒传》中"鲁智深倒拔垂杨柳"的故事就发生于此，当时新进士题名刻石于相国寺亦成为惯例，且成为北宋京城的商旅交易中心，《东京梦华录》卷三有"相国寺万姓交易"条，称其"每月五次开放，万姓交易"。靖康之乱（1126）后，盛况不再。明前期多次重修，且洪武年间将南北大黄寺、景福寺三座寺院并入，开封府僧纲司也设在寺中，但明后期黄河决堤，开封全城被淹，水退后寺为泥沙湮废。清初重建，乾隆时又大规模重修；道光二十一年（1841）黄河再次决口，开封城内水深丈余，寺宇毁坏严重，从此一蹶不振。新中国成立后先后修缮山门、钟楼、天王殿、大雄宝殿、罗汉殿、藏经楼及两廊等建筑，仍保持清代风格。

山东

千佛山兴国寺：位于济南市南2.5公里的千佛山山腰。该山古名历山，隋开皇年间（581—600）在山崖上雕刻佛像，又建千佛寺，因称千佛山。唐贞观年间（627—649）重建，改名兴国寺。宋代又有扩建，后废。明成化四年（1468）重建，清代又增建观音殿。其七座殿堂分四个院落，习称"东庙""西寺"，随山势而错落有致。东庙有大舜庙、文昌阁、鲁班祠，儒释道三教交融。西寺为主体，寺门朝西，大殿坐北朝南，其南为千佛崖。其中以极乐洞的佛像雕刻最为精湛，洞内有佛像20余尊。

青岛湛山寺：位于青岛湛山南麓，修建于1932年，由著名高僧倓虚法师主持。1940年建立"青岛湛山佛教学校"。占地共200余亩，坐北朝南，分三个院落。主体建筑中院分五进，依次为山门、天王殿、大雄宝殿、三圣殿、藏经楼，仿明代宫殿建筑形式。西院为倓虚法师纪念堂、三学堂、斋堂，东院为安养院、素香斋。由于培养了大批僧才，散处国外沿用此名修建寺庙者甚多，影响极大。

河北

正定临济寺：位于正定县城内。原址在城东南临济村，濒临滹沱河渡口，名"临济院"。创建于东魏兴和二年（540）。晚唐时义玄（？—867）法师驻锡该院，创立临济宗，为禅宗"一花五叶"之一。宋以后传入日本。义玄大中八年（854）示寂，葬于"澄灵塔"。稍后寺迁于今址，金、元、明、清历朝均有修建。澄灵塔俗称青塔、衣钵塔，八角九层，为密檐实心砖塔，高30.47米。宋金战争中寺毁于战火，唯塔独存，保留唐代建筑风格。目前其主要建筑山门殿、大雄宝殿、法乳堂、传灯堂等均为新近修复，但作为中日临济宗祖庭，在海内外影响极大。

正定隆兴寺：位于正定县城东门里街，为国内现存时代较早、规模较大、保存较完好的佛寺之一。始建于隋开皇六年（586），初名龙藏寺，宋改为龙兴寺，清康熙年间重修后方改为今名。寺内有铸造于宋开宝四年（971）的铜铸观音像，俗称"大佛寺"。占地5万平方米，轴线上有天王殿、摩尼殿、戒坛、慈氏阁、转轮藏阁等建筑，较完整地保存了宋代建筑风格及特点，为目前孤例，梁思成称之"京外名刹"。摩尼殿形制特殊，为中国现存古建筑中所仅见。大悲阁为主体建筑，高33米，七间五进，其铜铸"大悲菩萨"高19.2米，为现存最高铜铸观音像。寺内保存有隋唐以及宋、元、明、清各代碑刻30余通，其中隋龙藏寺碑为书法名迹。

承德普宁寺：位于承德避暑山庄以北烈河畔，为外八庙中最完整、最壮观的建筑群。始建于乾隆二十年（1755），取"普天安宁"之意。坐北朝南，占地33000平方米，有殿堂、楼阁各类建筑29座。前半部为汉式伽蓝七堂式，主体为大雄宝殿；后半部是仿西藏桑鸢寺所建，但仿中有创，融汉藏风格于一体，所供千手观音为现存最大的木雕佛像。

天津

大悲院：位于天津市河北区天纬路，为天津保存完好、规模最大的佛寺，因供奉千手观音而得名。由旧庙、新庙两部分组成。旧庙在西院，始建于清顺治年间，康熙八年（1669）扩建，由文物殿和方丈院等组成；新庙在东院，建于1940年，由天王殿、大雄宝殿、大悲殿、地藏殿、配殿、耳房和回廊组成。大殿中所供铜铸烫金佛像高7米，莲花座上有9999个小佛，共重6吨，系从静海县移来。院中原供有唐玄奘灵骨，1956年赠与印度那烂陀寺。

独乐寺：位于天津市蓟县城西门内，始建于唐贞观二年（628）。主体建筑山门和观音阁为辽统和二年（984）重建，手法高超，为我国古代木结构建筑代表作。占地共万余平方米。观音阁面阔5间，进深4间，通高23米，上下层之间设一暗层。所供辽代泥塑观音高16米，为国内最大观音塑像。辽代以降，曾受过28次地震，其中3次破坏性强震，几乎所有房屋建筑都倒坍，惟独观音阁巍然独存。

北京

广济寺：位于阜城门内大街，为中国佛教协会所在地。金代为中都北郊西刘村寺，元代改建，明代天顺元年（1457）重建，更名弘慧广济寺。清以后成为律宗道场。现占地35亩，山门临街，中轴线上由南而北依次为山门、天王殿、大雄宝殿、圆通殿（观音殿）、藏经阁。大雄宝殿中有乾隆五十八年（1793）铸造的铜鼎，舍利阁西侧有康熙三十七年（1698）所置汉白玉戒坛，为北京唯一戒坛。所藏佛教典籍十分丰富。

法源寺：位于宣武门外教子胡同南端，为北京现存最古寺院，中国佛学院、中国佛教图书文物馆所在。始建于唐贞观十九年（645），武后万岁通天元年（696）成，名"悯忠寺"。明正统二年（1437）更名崇福寺。清雍正十二年（1734）改今名。占地6700平方米，七进六院，主要建筑有山门、大土殿、大雄宝殿、悯忠台、无量殿、大悲坛、藏经阁、大遍觉堂、钟鼓楼和东西廊庑等。大雄宝殿为乾隆四十三年（1778）重修，所供"华严三圣"为明代上乘作品。大悲坛陈列着历代佛像、石刻及艺术珍品。

潭柘寺：位于京西门头沟区东南部、宝珠峰南麓，因后有龙潭、前有柘树而得名。相传始建于西晋（265—316），为北京最古，时称嘉福寺，民间有"先有潭柘寺、后有幽州城"之说。唐代扩建，更名龙泉寺；金代重修，更名大万寿寺；清代大修，改称岫云寺，俗名"潭柘寺"。占地面积6.8公顷，坐北朝南。主要建筑分布于中、东、西三条轴线。中线有山门、天王殿、大雄宝殿、斋堂、毗卢阁。东线有方丈院、行宫院，西线有戒台、观音殿。其中，行宫院为清代皇帝行宫，颇有江南园林意境。寺中文物古迹甚为丰富，为新中国成立后北京市首批重点文物保护单位。

云居寺：位于房山区西南40公里尚乐乡水头村白带山麓，山又称石经山，东北距北京市区75公里。因存有大量石刻佛经和古塔群而闻名于世。创建于唐初，初名智泉寺，后改今名。开元时已知名，分上、下两寺，上寺即在今寺东北石经山上的藏经洞及原有殿宇、僧舍，下寺即今云居寺。辽金时期，专以刻造石经闻名，又称石经寺。明代于石经山东麓建东峪寺，此寺即称西峪寺。后上、东二寺渐废。此寺山门朝东，中轴线上六进殿宇逐级升高，最高处为大悲殿。

山西

太原崇善寺：位于太原市东南隅，原名白马寺，创建于唐代。后改称延寿寺、崇善寺。明代以前，其规模一直不大。明洪武十六年（1383）扩建，又称新寺。占地245亩，金刚殿、天王殿、大雄殿、毗卢殿、大悲殿、金灵殿由南往北依次排列于中轴线上。金灵殿实为皇家祖庙，不设帝座，堪称中国佛寺中所仅见。同治三年（1864）毁于大火，仅存大悲殿，基本上为明初原物。面积仅及原寺约四十分之一。现为山西省佛教协会所在地。所藏宋、元、明各版本藏经非常丰富，其中北宋《崇宁万寿藏》和南宋《碛砂藏》尤为名贵。

交城玄中寺：位于交城县西北10公里的石壁山中。由净土宗祖师昙鸾创建于北魏延兴二年（472），隋末道绰、唐初善导二大师相继在此弘扬净土宗风。唐贞观年间赐额"石壁永宁禅寺"。唐后期与长安灵感坛、洛阳会善坛并列为"天下三大戒坛",后屡有兴废。1920年代,经日本佛教史学者常盘大定博士多方考证寻找,其祖庭面目始重现于世。现占地6000平方米,有大雄宝殿、万佛殿、千佛阁、善法殿和东西配殿。最古建筑为明万历三十三年(1605)所建天王殿、七佛殿、千佛阁。其他珍贵文物有历代碑碣48通,及宋铸铁弥勒佛、明代木雕佛像。日本净土宗、净土真宗两宗弟子来华参礼,必到此寺进香。

恒山悬空寺:位于浑源县城与恒山之间,距恒山山门约3公里、距大同约80公里。始建于北魏太和十五年(491),原名玄空阁。玄为道家之玄,空为佛家之空,为三教合一之名寺,后以谐音而称悬空。寺建于峭壁间,两边悬崖100余米;殿阁40间,以类似筑栈道之法修建,半插飞梁为基,巧借岩石暗托梁柱,每柱落点均经过精心计算,上下一体,廊栏相连。堪称建筑史上奇迹,经千余年风雨地震,丝毫无损。寺内有铜、铁、石、泥佛像80余尊。寺下岩石上"壮观"二字,为唐代诗仙李白所题。

西北

陕西

西安**大慈恩寺**：位于西安市和平门外雁塔路南端。创建于唐贞观二十二年（648），高僧玄奘为首任住持，在此翻译佛经十余年，为唐代长安大译经场之一。玄奘在此创立法相宗，因而此寺为法相宗祖庭。该宗在日本亦有流传，日本法相宗亦奉之为祖庭。该寺在唐代有翻经院、元果院、太真院、西塔院和南池、碑屋、东楼、戏场等建筑，并于永徽三年（652）建大雁塔。现中轴线上有大雄宝殿、法堂、大雁塔、玄奘三藏院。大雁塔7层，高64.5米，方锥形塔底边长25米，塔上《大唐三藏圣教序》《大唐三藏圣教序记》为书法史上名迹。

西安大兴善寺：位于西安市南郊小寨兴善寺西街。始建于西晋泰始二年（265），名遵善寺，为西安现存历史最悠久的佛寺之一。隋代都城名大兴城，此寺占城内靖善坊之地，因而得名。为当时重要译场。开元三大士善无畏、金刚智、不空先后在此翻译密宗经典，大弘密宗，因而此寺为中国密宗发祥地，日本真言宗亦尊之为祖庭。现为西安佛教协会所在地，占地120余亩。有山门、天王殿、大殿、千手千眼观音殿等，主要是明代建筑。

西安净业寺：位于长安区终南山沣峪口内，西安市南偏西约35公里。始建于隋末，为唐代高僧道宣长期弘法的道场、中国佛教律宗发祥地。唐代极盛，后渐衰落。明清多次重修。现占地约10亩，有天王殿、大雄宝殿、祖师殿、禅堂、客堂等建筑。

扶风法门寺：位于扶风县北10公里法门镇，东距西安市110公里，相传始建于东汉末年恒灵年间，为关中塔庙之祖。相传佛祖灭度后，遗体火化留下舍利，阿育王将其立为84000塔，分送各国供奉。中国得19处，其中设立最早的阿育王寺即今法门寺，存有四枚佛指骨舍利。史载从北魏到唐初，曾三次开塔瞻礼。唐代还六次迎至宫内供养。寺于隋开皇三年（583）改称"成实道场"，唐武德七年（625）改名"法门寺"。唐高宗显庆年间修成瑰琳宫24院，极为壮丽。咸通十五年（874），按佛教仪轨将佛指舍利及数千件稀世珍宝封入塔下地宫，用唐密曼荼罗结坛供养。其塔原俗称"圣冢"，贞观年间改建为四级木塔；明隆庆三年（1569）崩塌，万历年间建成八面砖塔，13级，高47米。清初因地震斜裂，1981年因雨再次崩塌。1987年重新建塔，清理塔基时发现地宫，2499件国宝重现人间。四枚佛教舍利为当今佛教界最高圣物，其他珍宝也占据艺术考古史上的多项第一。法门寺由此再度名扬天下。

西南

四川

成都昭觉寺：位于成都市北青龙乡。始建于唐贞观年间，原为汉眉州司马董常故宅。初名建元寺，乾符四年（877）扩建，改为今名。五代时荒颓，北宋修复，殿堂房舍增至 300 余间，经济实力雄厚，法徒众多，成为"西川第一丛林"。明初扩建，明末毁于兵火，清康熙间渐次恢复。"文革"中受到破坏，1984 年后修复山门、天王殿、地藏殿、观音阁、御书楼、韦驮殿、藏经楼、五观堂、石佛殿、普同塔、先觉堂等建筑，并重建了大雄宝殿。

成都文殊院：位于成都市城北文殊院街。前身为唐代妙圆塔院，宋代改为"信相寺"，后毁于兵灾。清康熙三十六年（1697）重建，定今名。为川西著名佛寺。有天王殿、三大士殿、大雄殿、说法堂、藏经楼，建筑面积11600平方米，房屋200余间，坐北朝南，呈四合院布局。院内珍藏有许多珍贵文物，佛经、文献上万册。

新都宝光寺：位于成都市以北18公里的新都县城，以"舍利宝光""罗汉堂"而闻名，为清代以来南方"四大丛林"之一，亦为成都附近历史最久、规模最大、收藏文物最丰富的一座寺院。始建年代相传为东汉，隋代名"大石寺"，寺中塔名"福感塔"。唐末僖宗避乱往西川，于夜间见福感塔下放祥光，挖出藏有13颗舍利子的石匣，于是改寺名为"宝光"，塔名为"无垢净观舍利宝塔"。宋代香火极盛，僧侣达三千之众。明中叶寺毁，清康熙九年（1617）重建。现存建筑主要成于道光年间，占地120多亩，建筑面积2万平方米，有1塔、5殿、16院。舍利塔高30米，外形似西安小雁塔，向西微斜，堪称"东方斜塔"。山门殿、天王殿、七佛殿、大雄宝殿、藏经楼依次排列于中轴线。其罗汉堂修建于道光末年，平面呈"田"字形，4个天井，有罗汉500尊，佛、菩萨、祖师77尊，汇集南、北两种艺术流派。寺中所藏文物非常丰富，其中舍利子、优昙花和贝叶经号称"佛门三宝"。

重庆

罗汉寺：位于渝中区民族路。始建于北宋治平年间（1064—1067），名治平寺。清乾隆十七年（1752）前殿坍塌，改建龙神祠。光绪十一年（1885）重修庙宇，仿新都宝光寺建罗汉堂，始改名罗汉寺。现为重庆市佛教协会所在地。其特色为古佛岩，长20余米，存宋代摩岩石刻佛像400余尊，其中卧佛像、观音像和供养人像风格颇近大足宝顶山石刻。

慈云寺：位于南岸区玄坛庙狮子山麓，濒临长江。相传始建于唐代，清乾隆年间重修，名观音庙。1927年扩建，更名慈云寺，为全国佛寺中惟一僧尼合庙的十方丛林。主要建筑有大雄宝殿、普贤殿、三圣殿、韦驮殿、藏经楼、钟鼓楼等，其建筑风格中西合璧，在中国佛寺中亦独树一帜。

梁平双桂堂：位于梁平县西南金带桂村，距县城13公里处。亦称万竹山福国寺，为云、贵、川、渝各大禅寺祖庭，在东南亚深有影响，创建于清顺治十年（1653）。占地7公顷，由山门、弥勒殿、大雄宝殿、戒堂、破山塔、大悲殿、藏经楼组成，坐东朝西，两侧厢房328间。大雄宝殿最为宏伟，为三层宫殿式建筑。寺中存有文物237件，包括名人字画61件、佛像110尊、其他佛教文物66件。

大足圣寿寺：在宝顶山大佛湾右后侧，位于大足县东北15公里，东距重庆市区162公里。宝顶山以摩崖造像而驰名，其造像始凿于唐景福元年（892），有41处石刻群，造像数以万计。寺始建于南宋淳熙年间（1178），原称五佛崖，乃密宗禅院。明清时香火鼎盛，扩建后改名圣寿寺。现存为明清建筑，占地5000平方米，主要建筑有天王殿、玉皇殿、大雄宝殿、经殿、燃灯殿、维摩殿等。每年二月香会，人如潮涌，当地有"上朝峨眉，下朝宝顶"之说。

云南

昆明**圆通寺**：位于昆明市圆通街，为昆明最古老的佛教寺院之一，同时也是最大的寺院，云南省和昆明市的佛教协会所在地。由南诏蒙氏创建于唐代，名"补陀罗寺"，与布达拉宫同为中国最早的观音道场，早于浙江普陀山百余年。元大德五年（1301）毁于兵燹，延佑六年（1319）重建，更名"圆通寺"。清康熙七年（1668）扩建，奠定今格局。其寺宇坐北朝南，布局于一倒坡，大殿低于山门约10米，是为一奇。以造园手法建寺，圆通胜景坊、八角亭与主殿圆通宝殿联为一体，呈典型江南园林建筑风格，亦不多见。圆通宝殿后有铜佛殿，为上座部佛教佛殿，在内地独一无二；寺东有藏传佛教佛殿，亦称密宗殿。熔三大部派佛教殿堂为一体，同时还有道教内容，堪称三奇。

昆明**筇竹寺**：位于昆明西郊玉案山，距市区7公里，为禅宗入滇第一寺。其创建不可考，传说为大理国时高氏兄弟所辟。寺中有延祐三年（1316）汉蒙双语《筇竹寺白话碑》，敕封其住持为"大和尚"，并赐《大藏经》。现存建筑为清末重修，殿堂三座，大雄宝殿中供元塑三世佛，其两侧及梵音阁、天台莱阁中塑于清末的500罗汉甚为有名。寺中还有元、明古树多株。

鸡足山：位于大理州宾川县西北，距县城30公里。西望苍山，北瞰金沙江。其山势西北高、东南低，前耸三峰，尾拖一岭，形似鸡足，因而得名。相传为释迦大弟子迦叶道场，明清鼎盛时大小庙宇300多座，僧尼凡5000余，为中国佛教第五名山、汉藏传佛教交汇之地。其朝香者既有内地信徒，又有西藏喇嘛，还有东南亚各国远客。山间有悉檀溪纵贯其中，两岸大寺小庵、亭台楼阁绵延而上，一直伸展至天柱峰脚。山上自然风光亦变化多端，极为壮丽。

鸡足山祝圣寺：位于鸡足山东侧半山腰的钵盂山，距鸡足山大门"灵山一会"坊3.5公里。占地1.3万平方米，倚山就势，坐北面南。原名迎祥寺，又名钵盂庵，初创于明嘉靖年间。清嘉庆后衰。光绪末年，虚云大师发愿扩建,赐名"护国祝圣禅寺",成为鸡足山首个十方丛林。后多次维修,保存了明清禅宗寺庙建筑的格局。

鸡足山**金顶寺**:位于鸡足山主峰天柱峰绝顶,海拔3240米,东距祝圣寺5.5公里。明弘治年间(1488—1505),有僧人在此建庵。后续有修建。崇祯十四年(1641)移昆明东郊鹦鹉山太和宫铜铸金殿于此,建立金殿,从此香火日旺。寺亦因此得名。清康熙三十年(1691)殿阁毁于火灾,唯存金殿与塔。金殿后毁于"文革"。现有睹光台、大门、弥勒殿、楞严塔、大雄宝殿。楞严塔建成于1934年,13级,高42米,抗日期间为外援物资飞越驼峰天然航标。大门由白族艺人设计,体现了白族建筑工艺水平。

肆 南朝四百八十寺

历代寺院分布的变迁

概述

千里莺啼绿映红,水村山郭酒旗风。

南朝四百八十寺,多少楼台烟雨中!

——杜牧《江南春》

这是一首脍炙人口的古诗,说的是早在中唐,人们对于南朝的佛寺已经有些搞不清楚了。显而易见,佛寺分布的这种古今变迁是再明显不过的。

对佛寺分布变迁的研究构成了今天历史文化地理学的一个极重要的内容。因为,要复原佛教在历史时期作为一个宗教实体的存在,手段无非是两种:要么通过僧人——主要是高僧;要么通过宗教实体。而寺院无疑是宗教实体最好、最直观的反映。

学术界关于寺院分布变迁的研究已有不少出色的成果。从求知的角度来说,这一研究当然还有继续伸展的余地,特别是唐代以前。决定的因素当然是资料。由于佛教史资料(特别早期的)往往包含着一定的传说和故事成分,因而对于考证某寺的起源往往特别困难。

目前研究寺院分布的史料主要是两类:要么根据当时资料中出现的寺院名称,要么根据后世方志中的记载,然后进行统计,加以分析。不难想见,这样的结果较之当时的实际存在是有相当程度的缺失的,尤其前一种途径。显然,只有当某寺发生了某种重要事件,它才会被史家或文人写入载籍,否则,它就不可能进入记载。相对而言,后一种途径的数量更为庞大,但它的不足之处也显而易见:准确性相对有所下降。因为,晚近的方志记载早期历史,实在不足以成为信史的。

在此不妨举例说明。上文曾讲过长沙麓山寺,它号称"汉魏最初名胜、湖湘第一道场"。在现存关于它创始的最早史料——唐人李邕的《麓山寺碑》中，记载的是："麓山寺者，晋太始四年（268）之所立也。"其创始因缘是"有若法崇禅师者，振锡江左"云云。而在历来号称考证精详的《大清一统志》中，它又变成了"晋太始元年（265）建"，至于其来历，仍不过是"有唐李邕所书碑"。

这样确定年份，显然是对于法崇的活动年代失考。查《高僧传》卷四有《晋剡葛岘山竺法崇传》，称其"尝游湘川麓山，山精化为夫人诣崇请戒，舍所住出以为寺"。法崇生卒年不详，但传文中载其"与隐士鲁国孔淳之相遇"。孔淳之《宋书》有传，元嘉七年（430）卒，时年59岁，则其生年当在公元372年。法崇与孔淳之相遇，在元嘉（424—453）略前，法崇当时感叹："缅想人外，三十年矣。"那么法崇的出生当在公元4世纪中叶。由此看来，他创建麓山寺也就大约在公元4世纪末至5世纪初的样子。无论如何不可能早到太始年间。

从这一事例里，我们可以看到一个现象：说法出现愈晚，所讲的年代反而愈前。这一现象是相当具有普遍性的。因为编故事总是越到后头编得越圆。民国时顾颉刚先生为考证古史而提出的"层累造成的古史观",正是对这一现象的最好归纳。

也许个例不足以服众,再来看一个统计结果。著名唐史专家张弓先生曾出版过一部《汉唐佛寺文化史》(中国社会科学出版社1997年版),为了撰写该书,他花费大量精力研读方志中所见的汉唐佛寺资料,得出一个三国时期的统计结果:吴寺54所,蜀、魏各有两所,计58所。这样的一种地域分布,就连一向对方志资料相当重视的张先生也认为:"吴与魏蜀寺数的差距,也不应这样悬殊。"勿庸赘言,当然是资料本身存在着问题。

当然,我们并不是认为,方志资料对于研究佛寺分布没有作用。还是应该这样来看:方志资料对于研究其编纂时的佛寺状况,它具有无可替代的价值。只是在用它来讨论古代的问题时,那就要看它的原始依据,还需根据其原始依据作进一步的考虑。如果不考虑原始依据,仅仅根据后世的方志来讨论古代佛寺是没有说服力的——不仅佛寺,研究一切历史问题这条规则都适应。

这样一来，研究宋元以降的佛寺分布根据方志资料大抵没有问题，而讨论唐代及以前的需要特别审慎。考虑到宋代以降中国佛教整体上其实已呈停滞状况，其寺院分布格局基本上比较稳定。在这里只阐述一下唐代以前的变迁状况。当然，主要还是采取从当时的资料中勾稽爬梳、然后进行统计分析的手段。

汉晋

汉晋时期的佛寺分布，已经有很多人进行过讨论，尤其汉代。研究佛教入华、以及那一时期中外文化交流的，大多从这一角度进行探讨，因而其状况总体上已比较清楚。

佛教是随着当时的中外文化交流而传进来的。当时中外文化交流的路线主要有三道：丝绸之路，汉武帝时张骞向西域凿空而开通的；海上丝绸之路，经过南海、南洋到印度洋、地中海；西南丝绸之路，通过今川、滇而沟通中国和印度。其中，第一道的作用最为明显。

于是中国最早的佛寺也就是汉明帝时通过上述第一道而

传来的洛阳白马寺。其确切年份尚有争论，中国佛教界在1998年曾举行大规模的"中国佛教两千年"的庆祝活动。

需要说明的是，白马寺这个名称并不是在汉代就有的。最早的佛教史典籍如南朝梁僧祐的《出三藏记集》、慧皎的《高僧传》都只提到当时在洛阳雍门西建有精舍，后者还提到"今之洛阳城西雍门外之白马寺即此是"。而北朝的史籍如《水经注》《魏书·释老志》《洛阳伽蓝记》则直接称当时所建之寺为白马寺。考虑到《出三藏记集》称竺法护于太康十年（289）在洛阳白马寺译经，则东汉明帝时洛阳雍门外建有佛寺、该寺至迟在西晋初年已被称为白马寺是比较可信的。

还有一点值得说明的是，西晋以前的寺院很少被称为寺，一般都是称为"祠"。从西晋以后，"寺"作为佛教活动场所的称呼才固定下来。

除了洛阳，另一个值得注意的地方是彭城（今江苏徐州）。《后汉书》卷四十二《楚王英传》称，楚王英于公元52—65年在该地"学为浮屠斋戒祭祀""尚浮屠之仁祠"，表明该地亦有佛寺的建造。

三国到西晋，佛寺分布的范围稍有扩展，但整体来说，分布的地点还是很有限。中原一带，洛阳除了白马寺，又出现了东牛寺、菩萨寺、满水寺、大市寺、竹林寺以及不知名的几所佛寺。而其周围，许昌、仓垣（今开封）以及长安，也都出现了一些佛寺。东部地区，彭城附近又发展到下邳（今江苏邳县附近）一带，而建业（今南京）、吴县（今苏州），也有寺院开始出现。从数量来说，东部地区明显比中原一带要少。洛阳一地，已占可知佛寺数量之半。此外，中原各地大多有若干个可考的寺名，如仓垣的水南寺、水北寺，长安的白马寺、西寺等。而东部地区吴县有东云寺、通玄寺，建业有建初寺外，下邳的佛寺尚未出现专名。

上述两个地区之外还有第三个地区，那便是河西的天水、敦煌，当时也都有佛寺的分布。它们都是丝绸之路上的重镇，其佛寺之兴显然得近水楼台之便。

其实，不光丝绸之路上的重镇，上述中原及东部地区的各地也都是当时重要交通线路所经，经济发达，文化的传输十分便利。

南北朝

西晋以前，中国佛教的发展一直局限于交通发达的个别地区，从阶层上讲，当时也只局限于社会上层。然而到"永嘉丧乱"以后，它突然间就向各地域、各阶层传播开了。

可以说，佛教在中国成为一种全民性的宗教，成为中国文化的一个源头、中国人的一种重要精神食粮，是东晋以后的事。

当时的中国实际上分为两大部分，南方是东晋，而北方则是纷纷扰扰的五胡十六国。虽然说佛教发展的势头之猛南北如一，但存世的史料相去甚远。南方的情形，佛教史典籍中大致有较为系统的记载，而北方，则其乱如麻，史缺有间。因此，要想从空间上将该时期佛教发展的情形予以揭示，其难度相当大。

接下来的南北朝时期，情形较为稳定，因而我们可以就这一时期的佛寺分布进行一番考察。首先有必要从史料描述的角度来看一下那个时期佛教发展的大概。

先来看一下南朝。南朝的佛教活动主要集中在长江流域，而以江东、荆州、成都等地尤其密集。

最密集的当然是江东一带。建康（今南京）先后作为南朝宋、齐、梁、陈四朝的首都，是南方佛教的最大中心。据《高僧传》所载，早在刘宋，就经常有某些法师弟子成百上千。如慧静"每法轮一转，辄负帙千人"。该书所载高僧以刘宋时期居多，其中"建康高僧"达49人，照此推算，当时建康一地僧尼数千乃至上万是极有可能的。

到了梁代，僧尼数量见于记载的口径更大。高僧宝亮有黑白弟子达三千余人，慧约甚至其"弟子著籍者四万八千人"。这样的规模令人惊讶，但还不是最极端的，更令人惊讶的是梁武帝萧衍讲经时的听众数量。萧衍为南北朝、甚至整个中国历史上最热心于佛教的皇帝，他在位期间几乎可以说以佛化治国。他先后四次舍身佛寺为奴，史料记载有一次听他讲经的人包括："自皇太子、王侯以下司空袁昂等六百九十八人，其僧正慧令等义学僧镇座一千人，其余僧尼及优婆塞众、优婆夷众、男官道士、女官道士、白衣居士、波斯国使、于阗国使、北馆归化人、讲肆所班、供帐所设三十一万九千六百四十二人，文官武卫宿直之士复数万人不在听众之列。"（《广弘明集》卷十九）

在缺乏现代扩音设备的技术条件下，这样的讲经规模简直不可思议。但当时建康佛教之鼎盛是丝毫不成问题的。有位人臣郭祖深甚至抬着棺材上书劝谏，称：

> 都下佛寺五百余所，穷极宏丽；僧尼十余万，资产丰沃。所在郡县，不可胜言。道人又有白徒，尼则皆畜养女，皆不贯人籍；天下户口几亡其半。

以一个大臣的正式公文,称"都下"(建康)佛寺500余所,自然是有足够依据的。上文曾引用杜牧"南朝四百八十寺"的诗句,一般人常觉得那是个包含夸张成分的数字,现在看来,其实还是比较贴近的。

而更厉害的一个数据表明,萧梁末年的"侯景之乱",建康的"旧有七百余寺"都被"焚烧荡尽"。目前无从得知这700余寺的数字是怎么得出来的,按说,其时间与上述郭祖深所谓500余所的时间相隔不远,如果是同一类型的寺院,发展不至于如此之快。推测前面的500余所指的是那些有一定规模的、正式的"穷极宏丽"的大寺,而这700余寺则包括了一些较为简易的佛教活动场所。

接下来的陈朝,佛教的发展较之于梁代有所不济,但也有"郭内大寺三百余所"。此外想必还有不少规模较小的庵堂之类。这一规模仍是后世难以望其项背的。

建康附近,整个长江三角洲的佛教活动都非常频繁。齐释慧基"遍历三吴,学徒千余"。梁代时邵陵王纶为南徐州刺史,其治所在今常州,讲经时"道俗听者二千余人"。徐孝克住在钱唐(今杭州),每天轮流讲佛经和儒典,"道俗受者数百人"。

位于今湖北中部的江陵,其地控扼长江中游,对南北形势举足轻重。从汉末三国的分裂时期到东晋以来,它一直是一方军事重镇,在南北朝时期对长江下游的首都建康起着上游屏藩的作用,因而,该地的佛教也非常兴盛。

南北朝之初,通过高僧慧观的努力,史籍中就已经出现了"荆楚之民,回邪归正者十有其半"的记载。刘宋孝建(454—456)时,臧质在荆州,人称其"姬妾百房,尼僧千计",饱受诟病。而其北面的襄阳,当时刘粹为刺史,竟至"罢诸沙门二千余人以补府史"。由此不难想见当时这一带的佛教发展规模。

齐梁之后,长江下游为陈霸先建立的陈朝所控制,而江陵一带,则有由梁武帝第七子萧绎建立的后梁政权。后梁虽然只掌管着弹丸之地,但居然在宣传中也号称"中兴"。而且,保持着齐梁以来一以贯之的对文化的尊重,其佛教的发展也颇有可观。史称其"僧众奏集千有余人"。

成都作为长江上游的军事重镇,与南北双方的交通都很发达。该地接受佛法很早,刘宋畺良耶舍在此活动,就已经"禅学成群"。梁代以后，该地纳入北周版图，有位僧崖在成都烧身，居然有"道俗十余万拥舆而哭"。

除了上述各地，南方另一个佛教较发达的地方是今江西的九江。该地有著名的庐山，当时号称庐岳，自东晋高僧慧远在那里弘扬净土，从此其佛教便非常发达。刘宋元嘉时（424—453）竺惠庆入庐山寻礼，竟至其"三归五戒弟子贵贱数万人"。

北朝的情况较之南朝颇有不同。据《魏书·释老志》记载，为防止佛教的过度发展，北魏对于各地寺院和出家人数，曾有过多次限制。公元452年，规定：

> 诸州郡县于众居之所，各听建浮图一区。其好乐道法，欲为沙门，不问长幼，出于良家、性行素笃、无诸嫌秽、乡里所明者，听其出家：率大州五十、小州四十人，其郡遥远台者十人。

四十年后（492），孝文帝下诏："四月八日、七月十五日，听大州度二百人为僧尼，中州五十人，下州二十人，以为常准。"不仅大州度僧的限额大为扩展，而且还由原来的似乎是总额而变为一年两次。这样的限令，可想而知不过是流于形式。

《魏书·释老志》中记载了北魏不同时期的僧尼寺院数字：太和元年（477），四方诸寺6478、僧尼77258；延昌中（512—515），天下州郡寺院积有13727所，徒侣益众。正光（520—525）以后，僧尼大众200万，其寺三万有余。

不用说，这样的数量规模较之南朝是大大地超过了。史籍中虽然找不到南朝寺院、僧尼的总体数量，但从上面的论述看，建康最大的数字也不过"侯景之乱"前的700寺，全境加起来无论如何不可能达到三万之数。

而三万还不是北朝佛寺最大的数目。法上在魏齐时期曾执掌僧录，史料记载他掌管的僧尼达200余万。这个数字显然只包括东魏、北齐境内。到北周灭法时，史载"《禹贡》八州现成寺庙出四十千，三方释子减三百万"。所谓八州，显然是将当时受陈朝管辖的东南一隅（《禹贡》九州中的扬州）不包括在内。

上面讲的是一些统计数字，史料中还有一些具体的情形，可以相互印证。《魏书》曾记载，延昌（512—515）中，"民多绝户为沙门"。神龟元年（518），任城王澄也在上奏中称：

> 今之僧寺，无处不有，或比满城邑之中，或连溢屠沽之肆，或三五少僧，共立一寺，梵唱屠音，连檐接响。

而到了正光（520—525）以后的情形，《魏书·释老志》记载：

> 所在编民相与入道，假慕沙门，实避调役，猥滥之极，自中国之有佛法，未之有也。

不仅前所未有，就是在当时的南朝，佛教发展似乎也没形成这样一个局面。既如此，北朝的寺院也就可想而知。北齐文皇帝在诏书中描述：

> 馆舍盈于山薮,伽蓝遍于州郡,……乃有淄衣之众参半于平俗,黄服之徒数过于正户,所以国给为之不充,王用因兹取乏。

通过这些记载,我们不难理解北朝僧尼寺院数量的内涵。

早在南北朝初期,河西走廊的凉州佛教兴盛。太延中(439),北魏平定凉州,曾"收登城僧三千人",将他们都迁徙到北魏当时的首都平城(今山西大同)。从此平城成为北方的佛教中心。太和(477—499)中,京城新旧寺院将近100所,僧尼2000余人。而在其西北30里的武周山,仅东头的僧寺便常住一千人。

北魏孝文帝迁都洛阳后,佛教中心也随之南移。据名著《洛阳伽蓝记》所载,洛阳寺院曾达1367所。其中,永明一寺就居有百国沙门3000余人;另外,永宁寺也四时供养七百位梵僧。到北魏末年,洛阳的寺院数量更有所增加,史称在"河阴之变"中死去的朝士多舍宅为寺,以至于"京师宅第,略为寺矣"。

东西魏分裂以后至北齐、北周对峙时期,以关中为根据地的西魏、北周其文化水平相当落后,而统治着广大东部地区的东魏、北齐,其京都邺城作为当时北方文化最发达的都市,其佛教得到了充分的发展。有史料表明,极盛时邺都大寺略计4000所,所住僧尼将近80000人,讲席相距200个有余。如果这一记载属实,那么即便六朝古都建康也无法与之相抗。

值得注意的是,北朝除各代都城之外,四方州郡的僧尼寺院资料并不太多。由此可以看到一个相当重要的特点:北方佛教的发展在空间上相对较均衡,任一时期,只有京城的佛教发展特别显眼、留下的资料特别丰富,唯其如此,北朝的佛教文化中心处在不断的迁移当中。而南朝大异其趣,从上文的论述中可知,南方的佛教发展在地域中呈现出一个有序的级差,最发达的地方、比较发达的地方、较落后的地方判然有别,而且这一地域格局一直很稳定。

以上是从文献描述的角度进行探讨,接下来利用传世史料中留存下来的寺院名称,对其加以统计分析。

资料依据是佛教典籍中与南北朝有关的史传文字

（如《高僧传》《续高僧传》《弘明集》《广弘明集》以及各经录中的序传文字），南北朝各朝正史（《宋书》《南齐书》《梁书》《陈书》《魏书》《北齐书》《周书》《隋书》《南史》《北史》），文集，类书（如《艺文类聚》等），绘画史材料以及金石文字，从中搜罗南北朝时期曾经存在的寺院、精舍、浮屠名称。当然也利用了一些近人的研究成果，如《金陵梵刹志》等。爬梳统计得825个寺院，将其表列如次。

考虑到南北朝时期政区变动很大，表中统一采用了谭其骧先生主编的《中国历史地理集》第4册（地图出版社1982年版）南北朝图组所用标准年代（497）的政区。对于史料中与之年代不同的政区，经考订后按实际所在地计入。又考虑到当时政区数目众多，特按自然形势分了江表淮南、江汉沅湘、巴蜀、岭南、河淮之间、河东河北、关陇河西七个大区，以醒眼目。其中，前四区基本上属南朝，而后三区基本上属北朝范围。

南北朝时期各地可考寺院数量

地区	州别	郡别	数量
江表淮南	扬州	丹阳	226
		吴郡	25
		会稽	39
		吴兴	9
		义兴	1
		临海	3
		永嘉	3
		东阳	4
		小计	310
	南徐州	晋陵	5
		南东海	2
		小计	7
	江州	寻阳	9
		临川	1
		南康	1
		豫章	3
		庐陵	1

续　表

地区	州别	郡别	数量
		晋安	2
		小计	17
	南兖州	广陵	6
		山阳	1
		小计	7
	北兖州		1
	青州		2
	北徐州		1
	豫州	梁郡	5
		光城	4
		小计	9
	合计		354
岭南	广州	南海	21
		东官	1
		小计	22
	交州		1
	合计		23

续 表

地区	州别	郡别	数量
江汉沅湘	荆州	南郡	48
		天门	1
		宜都	1
		小计	50
	雍州	襄阳	20
		南阳	2
		襄城	1
		小计	23
	郢州	江夏	5
		武昌	1
		巴陵	5
		武陵	1
		小计	12
	司州	安陆	5
	湘州	长沙	3
		衡阳	7
		始兴	2
		临贺	1

续 表

地区	州别	郡别	数量
		小计	13
	合计		103
巴蜀	益州	蜀郡	36
		巴西	7
		新城	4
		晋原	1
		宁蜀	1
		广汉	2
		阳平	1
		小计	52
	梁州	汉中	1
		晋寿	1
		小计	2
	合计		54
河淮之间	司州	河南	71
		河内	2
		建兴	3

续　表

地区	州别	郡别	数量
		河东	1
		颍川	3
		汲郡	2
		恒农	5
		荥阳	1
		平阳	2
		小计	90
	荆州		1
	洛州		1
	齐州		1
	青州	齐郡	9
		乐安	2
		小计	11
	光州		7
	济州		2
	兖州	泰山	5
		鲁郡	3

续 表

地区	州别	郡别	数量
		高平	2
		东平	1
		济阴	2
		小计	13
	徐州	彭城	8
		琅邪	2
		小计	10
	南青州		1
	合计		137
河东河北	相州	广平	1
		阳平	2
		魏郡	45
		小计	48
	冀州	渤海	1
	幽州	范阳	3
		燕郡	1
		小计	4

续 表

地区	州别	郡别	数量
	平州	辽西	1
	定州	赵郡	5
		常山	5
		中山	2
		巨鹿	1
		小计	13
	肆州	雁门	11
	并州	太原	11
		上党	1
		小计	12
	汾州		4
	恒州	代郡	9
		繁畤	1
		小计	10
	合计		104
关陇河西	京兆	京兆	33
		咸阳	2
		小计	35

续 表

地区	州别	郡别	数量
	泾州	安定	2
	华州	澄城	3
	东秦州		1
	秦州	陇西	1
		天水	1
		小计	2
	凉州		3
	敦煌		2
	高昌		2
	合计		50
总计			825

表中南方有寺534个，北方则只有291个。前者将近是后者的两倍，与上述文献的描述很有出入。很显然这里面资料本身存在一定的问题：一方面，传世资料中关于南方的比北方要多。以寺院名称蕴藏最丰富的《高僧传》及《续高僧传》来看，仅此一类文献就足以使南

北双方详略不均。另一方面，这些寺院之所以在史乘中保留至今，大多是因为它们曾与高僧、名人、重要事件发生过因缘，既如此，它们也多是一些有名的寺院，因而，它们与当时寺院总数的关系就如同高僧与僧人总数的关系一样，不成比例。

南方四个地区，江表淮南有354所，江汉沅湘有103所，巴蜀有54所，而岭南只有23所。北方三地区，河淮之间有137所，河东河北有104所，最少的关陇河西也有50所。北三区之间相差不过两倍，而南四区之间最大差距高达15倍。这个现象，反映出南方寺院的分布比北方更具有集中的特点。

这一特点的具体表现，首先是双方密集中心的分布不一样。南方的中心较多，最大的中心为丹阳（治建康、226），次之的有南郡（治今湖北江陵、48）、会稽（治今浙江绍兴、39）、蜀郡（治今成都、36）、吴郡（治今苏州、25）、南海（治今广州、21）、襄阳（20）、吴兴（治今湖州、9）和寻阳（治今九江、9）。北方最多的为河南（治今洛阳、71），次之的为魏郡（治邺城、45）、京兆

(治长安、35)、雁门（治今山西代县、11）、代郡（治今山西大同、9）和彭城（治今江苏徐州、8）。以数量在10以上的郡而言，南方有7郡而北方只4郡。

而且，南方有不少密集中心位置相互邻近，形成规模更高的密集地带。最引人注目的是江东四郡（丹阳、吴郡、吴兴、会稽），数量之和高达299，占南方总数的一半以上、当时总数的八分之三。长江中游的南郡和襄阳形成了第二个密集地带，共有68所。而在北方，这样的密集地带一个都不存在，都是一个个的孤立中心。

表中的数量是整个南北朝各时期叠加的，如果考虑到瞬时情况，那么还可以进一步看到，南方这些密集中心、密集地带基本上是同时存在的，而北方那一个个孤立的中心前仆后继，在时间上呈互补关系。这一点在上文通过史料描述的过程中已有所分析，兹不再展开。

联系到具体的地理环境，当时寺院的分布主要是附着于两种地域类型：一类是在城市及其附近，另一类是在山地。

城市人口密集，经济繁荣，交通便利，信息迅捷，非常有利于佛教的发展；因而寺院数量较多、规模较大的是在这一地域类型。长江下游的建康（226）、长江中游的江陵（46）、长江上游的成都（35）、岭南的番禺（今广州、18）、长江三角洲的吴县（今苏州、15），北方河南的洛阳（51）、河北的邺城（37）、关中的长安（30）等大小城市都分别集中了所在郡内数目的大部分。而且城市的行政级别越高，集中的强度也就越大。

山地居民稀少，景色清奇，是潜心修禅的理想环境；因此选择这一地域类型的寺院也为数不少。但其中又可以分为两种情况，一种是山地位置密迩都市，另一种则是僻处乡野。前者能够兼得城市与山地两者之长，因而这种山地数量很多，分布非常普遍，几乎无地无之。著名的如建康附近的钟山、摄山，江陵附近的上明山、覆船山、玉泉山、青溪山、四望山，番禺的灵鹫山、云峰山，吴县的虎丘山，寿春的八公山，长沙的岳麓山，襄阳的砚山，洛阳的北邙山，大同的武州山，长安的寒山等。

离大都市较远的则都是一些风光特别秀丽的名胜。

当时比较著名的有五台山、恒山、林虑山、麦积山、泰山、嵩山、青城山、衡山、庐山等;而尤以江东会稽较多,如天台山、赤城山、若邪山、天柱山等。这些名山有不少在后世乃至如今仍享有盛誉。

唐代

　　唐代是中国历史上极为强盛的一个朝代。虽然在它三百年的历史中（618—907），半数以上时间处在内忧外患当中，领土不完整，政令不统一，但是，唐太宗的贞观之治、唐玄宗的开元盛世，在多灾多难的中国历史上还是极为显眼的。

　　就中国佛教而言，唐代可以说发展到了顶峰。之前的汉晋，是佛教在中国的传入期；南北朝，是对佛教的研究、消化时期；隋代以后，佛教形成一个个的宗派，当然是如日中天的鼎盛期；而宋代以后，佛教已不折不扣地成为中国文化的有机组成部分，可以说是它的消融期。

虽然如此，佛教发展到唐代，早已失去了它在南北朝时期的那股蒸蒸日上的气势。唐代对于佛教的态度相当理性，既没有像梁武帝萧衍那样对佛教十分痴迷、异常狂热的有力支持者，也没有像北魏太武帝、北周武帝那样对佛教极端憎恶的皇帝——唐武宗在会昌五年（845）发动了历史上"三武一宗"灭佛中规模最大的一次，但从日本僧人圆仁在《入唐求法巡礼行记》中所载的亲身经历来看，那一事件仍然是十分理性的。事先经过周密计划、实施过程并没有发生流血和冲突。

在这样一个大体上平稳、有序的政教环境中，佛寺、僧尼的数量自然是受到相当严格的控制的。《旧唐书·职官二》记载："凡大下寺有定数，每寺立三纲，以行业高者充；诸州寺总五千三百五十八所，三千二百三十五所僧，二千一百二十二所尼。"这一数字当然是前后有所变化的。张国刚先生在其所著《佛学与隋唐社会》一书的第三章曾列有唐代各时期寺院总数（河北人民出版社2006年版，第98页）：

年代	寺院总数	资料出处
648	3716	《大唐慈恩寺三藏法师传》
650—683	4000	《法苑珠林》卷一百
713—755	5358	《唐会要》卷四十九
842—845	4600	《唐会要》卷四十九

据此,张国刚先生认为,这些寺院应该只是被朝廷批准设立的寺院,而这些寺院的数目基本上是稳定的。应该说,这一理解是相当有见地的。

在上述《汉唐佛寺文化史》中,张弓先生通过近世地方志中的资料找出了5335所唐代寺院。其中,包括今长江三角洲、淮扬、福建在内的东南一带数量最多,为644所;河北一带次之,为137所;今江西一带130所、河南一带128所,又次之;河东即今山西一带115所,关中一带为110所,湖南、湖北107所,此外陇右、岭南、巴蜀等地还各有少许。

应该说,张弓先生搜寻出来的唐寺数量与《唐会要》

所载的5358所已十分接近，但是，由于其所据的并非当时资料，而是基本上由后世当地人编成的各地乡邦文献，因而其结论并不十分可靠。甚至可以说，其问题总体上还不小。那么，要真正了解唐代寺院分布的状况，还得以唐代资料为依据进行探讨才行。这一方面，李映辉先生已出版了一本专著《唐代佛教地理研究》（湖南大学出版社2004年版）。

李映辉先生翻阅了《大藏经》中有关唐代的史传文字，传世的金石材料以及《全唐文》、《全唐诗》、《资治通鉴》、两《唐书》等，搜集其中的寺院名称，将其加以考证、统计，得到"安史之乱"以前，有寺834所，而之后的664所。这一套数据虽然较之史籍中所载的当时寺院总数差距甚大，但由于这些资料的来源具有很强的均一性，因而对于讨论当时寺院分布的地域差异仍是相当有效的。

唐前期的834所寺院，若以秦岭、淮河线为界，北方有470所，而南方仅364所。南北方的差距相当明显。但若以当时地理区划"道"为单位，那么，最多的是南方的江南道（183），接下来才是北方的关内（181）、河南（119）、河东（96）道，这之后是山南（60）、河北（57）、剑南（56）、淮南（33）、岭南（32）、陇右（17）。

由于各道的面积过于悬殊，这些数字还不太能说明问题。从府州一级来看，可比性要大得多。当然，问题的复杂性也大得多。

寺院最密集的分布中心很明显，在长安及其附近，其数量达124所，占同期全国总数的15%。而长安所属的京兆府共有寺院162所，占关内道的90%，将近全国的五分之一。其次是当时的东都洛阳及其附近，洛阳有29所。

两都之外，还有16个府州拥有寺院在10所以上：益州（治成都、30）、润州（治今南京、28）、襄州（治今湖北襄阳、25）、代州（治今山西代县、23）、越州（治今绍兴、23）、太原府（21）、苏州（19）、扬州（18）、荆州（17）、相州（治邺城、16）、杭州（12）、蒲州（治今山西永济西、12）、幽州（治今北京、10）。其中，7

个在北方而9个在南方。

考虑到这些密集府州之间的空间关系,可以认为当时存在着3个密集分布地带。一个在长江三角洲,这也是当时全国最大的一个,北起扬州,南至台州,包括扬、润、常、苏、湖、杭、越、明、婺、台十个州,共有140所寺院,占当时全国总数的17%。第二个在汉水中下游,荆、襄两州共有42所。第三个在太原盆地,包括汾州和太原府,共有29所。

而从名山的角度看,终南山上有21所,首屈一指。其次是五台山,有17所。南岳衡山16所,为数亦不弱。倒是久负盛名的嵩山只有6所。

唐后期的664所寺院,分布于北方的为299所,而南方有365所,南北方的对比较之前期发生逆转。这充分表明"安史之乱"以后,南方佛教的发展超过了北方。从此这一局势再没有改变。

从道的层面看,各道的数量依次是江南(247)、关内(112)、河东(74)、河南(62)、河北(41)、剑南(37)、淮南(36)、山南(33)、岭南(12)、陇右

（10）。与前期相比，这一名次的中间有所变化而两头相对稳定。

长安所在的京兆府仍以其79寺而独占鳌头，尽管其总数约当前期之半。但居于其次的则由原来的洛阳附近而让位于苏州（31），洛阳所在的河南府位居第三（28）。以下寺院数在10所以上的为越州（28）、衡州（25）、杭州（20）、润州（20）、扬州（20）、代州（19）、成都府（19）、太原府（16）、荆州（13）、常州（13）、洪州（12）、潭州（治今长沙、10）、明州（10）、幽州（10）、镇州（治今河北正定、10）。此外，南方还有不少地方如湖州、台州、婺州、江州其寺院数量接近10。

与前期相比，北方寺院较密集地带衰落较厉害，而南方的增加相当明显。北方的襄州、相州在前期其数量都颇为可观，但到后期已默默无闻。而南方尤其长江三角洲一带，寺院增加的势头十分迅猛。特别是作为南方冠冕的苏、杭二州，无论其当地还是连带其周边地区，其数量都是相当突出的。

此时如果要说密集地带，上述在前期就已很明显的长江三角洲一带仍首屈一指,而且其密集的程度还有所提高。在总体上寺院数量有所减少的情况下,这一带的数量还有所提高,达169所,占全国总数的四分之一。此外,长江中游的湘江中下游及赣江中下游也都很引人注目。值得注意的是,此时北方的密集地带已消弥于无形。

如果再从名山着眼,前期显赫一时的终南山已大为不济,其寺院数由21所锐减至7所,与嵩山此时的数量持平。倒是南岳衡山骤升至23所,从数量上成为当时最引人注目的佛教名山。

会昌五年(845),佛教遭受了中国历史上空前规模的一次法难,史称"会昌灭佛"或"会昌法难"。法难中并省佛寺4600所,兰若40000处,勒令僧尼还俗26万多人。但是黄河以北地区因为藩镇割据,不听中央号令,该地的佛寺并没有受到灭佛政策的影响;此外,灭佛仅仅进行了一年,武宗便去世,继位的宣宗随即在大中元年(847)下令复法。因而这次法难对于佛寺的地理分布其实并没有产生重大影响。

唐代以后，佛教发展的空间格局基本上没有太大的变化，因而佛寺的地理分布格局也基本上稳定。长江三角洲、浙东、福建一带牢牢地占据佛教发展的重心。明代以后，四大名山及鸡足山得到极大的发展，但它们的兴起对于整个佛寺分布格局并未产生影响，只是形成几个特别兴旺的地点而已。

伍

更向何处度此生

寺院与社会生活

日常行事

俗话说:"做一天和尚撞一天钟",可见僧人的日常行事是很有规律的。可能也有人因之而觉得僧人的生活相当悠闲、适意。实则不尽然,寺院中的僧侣生活是相当紧凑的。天天晨钟暮鼓,闻鼓而眠,闻钟而起,闻板上殿,闻梆过堂。其中最日常的是朝暮课诵、布萨诵戒、上供、过堂、普佛诸事。

朝暮课诵

每天早、晚各进行一次的课诵,指的是佛寺中定时念持经咒、礼拜三宝以及梵呗歌赞这一套法事。这是寺院僧众日常最基本的宗教修行，又称为"功课"，因为从中可获得功德。

我国佛寺中的课诵习俗，显而易见是从西域传来的。史籍中最早的关于课诵的记载，见于《三国志·吴志》所载东汉末年笮融在广陵（今扬州）、彭城（今徐州）一带所起的浮屠祠，"可容三千余人，悉课读佛经"。当时佛教在中国还没有形成大规模扩散的局面，这条史料所记载的情形可以说相当之早了。

可想而知那时的"课读佛经"还没有形成固定的规范。我国的念诵仪轨创始于东晋时的高僧道安。道安是一个对中国佛教发展贡献极大的人物，史称其"所制僧尼轨范、佛法宪章，条为三例：一曰行香定座上讲经上讲之法，二曰常日六时行道、饮食唱时法，三曰布萨差使悔过等法，天下寺舍遂则而从之"。其中第二例便是每天定时的功课。

道安制订的这一套仪式在当时产生了良好的社会影响。当时有位很狂妄的襄阳名士习凿齿向人称赞道：道安"师徒数百，斋讲不倦。无变化伎术可以惑常人之耳目,无重威大势可以整群小之参差,而师徒肃肃,自相尊敬,洋洋济济,乃是吾由来所未见"。显而易见,这正是佛教能够蒸蒸日上的重要因素。

当时的经咒、梵呗还较为简单,那之后发展出忏法,唱念渐趋复杂,功课也就渐趋杂乱。到了唐中叶以后,禅宗的百丈怀海制定清规,唱念才逐渐地规范化。

但在明末以前,并未形成全国广泛认同的统一仪制。明初曾有所整顿,各寺的日常行事仍各不相同。到了明末,莲池大师云栖袾宏(1535—1615)编订《诸经日诵集要》,各寺竞相仿效,这才成为近世汉地寺院日常课诵的定规。其主要内容是每日"五堂功课、两遍殿"。

早殿两堂功课:全寺僧众于每日寅丑时之间(清晨4点)齐集大殿,念诵《楞严咒》、《大悲咒》以及"十小咒"、《心经》各一遍。在每次念诵的起止都配有梵呗赞偈。其中《楞严咒》为一堂功课;《大悲咒》及"十小咒"等为一堂功课。如果事忙,可以只念后一堂功课。有些寺院在平日每天将这两堂功课轮着念,只到节日才将两堂功课做满。

晚殿三堂功课：其时间在傍晚。包括诵《阿弥陀经》和念佛名、礼拜八十八佛和诵《大忏悔文》、放蒙山施食。其中，诵《阿弥陀经》和念佛名是为自己往生西方净土祈愿；礼拜八十八佛是申述自己改悔过恶的愿望，可以灭罪；而蒙山施食则是向地狱众鬼施食，使众鬼各得安慰。这三堂功课尤其以最后一堂较为重要。前两堂功课在一般寺院中逢单、双日轮流做，而蒙山施食是每日都要举行的。

朝暮课诵除了课诵正文，还有普结回向的内容。所谓"普结回向"，意思是把课诵所修得的功德再施向他人，利益众生。其仪式则是在课诵之后唱一番回向发愿文，早晚所唱内容有所不同。

每逢朔望之日，即每月的初一、十五，早晚课诵的仪式特别隆重。除上述内容外，早课之前要加唱"香赞"，即《宝鼎赞》，之后则要祝神或称念各位祖师的名字。祝神是早祝韦驮、晚祝伽蓝。称祖师名字则从西天东土历代祖师、天下弘宗演教诸大善知识、本寺开山暨历代诸祖老和尚、各人得戒坛上十师及剃度恩师直到方丈和尚。

这一套仪式除了诵经之法来自印度，其他都是中华本土僧人创造出来的。因之唱念的腔调各地也有所差异。

布萨诵戒

布萨是梵文音译，又作布沙他、布洒他、逋沙他、布萨陀婆，意为长净、长养、善宿、净住，或称说戒。即僧人每半月集会一次，由精熟律法的戒师说波罗提木叉戒本，众僧反省过去半月中的行为，如有犯戒者则在大众前忏悔，从而使僧众都长住于净戒中。

布萨的日期，经律上有多种说法。近世的汉化佛教是定在每月的初一、十五。但是仪轨则有律寺和禅寺之不同。律寺的诵戒当然特别庄严，有近20个步骤。先是有预告、布置戒堂，然后鸣钟集众。僧众会齐在大殿前，合掌说偈三遍，然后从大殿入戒堂，按僧腊高低依次入座。于是有人端水出来让众人洗手，清点人数，然后说戒师出来。说戒之后众僧起立，唱三皈依，礼佛而退。

禅寺的布萨则相当简单。先是打板将大众齐集于大殿，大众顶礼三拜之后唱忏悔偈，礼佛，凡三遍。然后排班出位，到戒堂或斋堂，等诵戒师到来之后，行礼，读诵戒本，完了再唱回向偈。

布萨诵戒有利于维护僧团的清净与和合，当然是越大的寺院里越正规。但即使两三僧人的小寺，搞不起那么大的场面，也须在该日相互布萨，申明三声"我某甲清净"。

上供

上供是指在诸佛和祖师的圣像前，用鲜花果品等物供养，以表虔敬。无论初一、十五、佛菩萨圣诞，还是施主供斋，都要先供佛，因此，这是寺院中经常举行的一项活动。

上供的仪式比较简单。首先是打板集众，礼佛三拜后齐唱"炉香赞"或"戒定真香"。如果有施主打斋，则斋主随方丈拈香、礼佛。然后诵持十方诸佛法僧名号，请他们来接受供养。然后念诵"变食真言""甘露水真言""普供养真言"各三遍。此后再念供养偈，唱"天厨妙供赞""献供赞",就算礼成了。

过堂

看过一些古代小说的人,对"过堂"这个词很可能觉得毛骨悚然,但在这里它令人愉快,指的是出家人"吃饭"。

一般人吃饭只是满足口腹之欲,在佛教中,吃饭则是一堂法事。佛教认为早晨是天人进食之时,日中是佛陀进食之时,下午是畜生进食之时,夜晚是饿鬼进食之时。因此,佛教戒律上有"过午不食"之条。僧侣吃早、午两餐称"二时临斋"。

但是中国的情况与印度大有不同。特别在唐代禅宗成为中国佛教主流之后,大多数僧人都要参加生产劳动,讲究"一日不作,一日不食",如果还要坚守"过午不食"的戒条,无疑是不现实的。于是,作为一种折衷,僧人对早、午二餐特别隆重,餐前举行"二时临斋仪",即"过堂"。而晚餐则只是一般性地用餐。

过堂的地点当然是斋堂,也称"香积厨"或"五观堂"。大众随引磬声同念"供养咒",同时行礼,礼毕,才开始用餐。餐毕,又随引磬同唱一段咒语,表示"结斋"。

过堂的整个过程非常庄严、肃穆。吃饭时碗筷不许有声音,当然更不允许讲话,添加食物都是靠筷子示意。碗的位置、筷子的摆法都有一整套规矩。如果某僧不在,就将其两个碗叠起,绝不可能乱来。

普佛

普佛是一种祝愿、荐亡回向的佛教仪轨。分"延生普佛"和"往生普佛"。"延生普佛"是祝愿施主离诸灾厄、福寿康宁,而"往生普佛"则是超度亡灵、回向净土。

普佛前先要设立牌位。"延生普佛"用红纸写上"佛光注照本命元辰某某之禄位","往生普佛"则用黄纸写"佛光接引某某之莲位"。"延生普佛"仪式开始是唱"戒定真香",斋主随方丈拈香,然后念《楞严咒》、《大悲咒》、"十小咒"、《心经》,然后唱"摩诃般若波罗蜜"三遍,再唱"药师赞"。此时斋主行"十主礼"。然后再唱赞佛偈,至牌位前回向。"往生普佛"的程序相同,只是念咒的内容有异。

此外还有一种"随课普佛",即早晚殿时至长生禄位或往生莲位前回向,然后再加拜愿、念文疏就可以了。这种普佛简单方便,可以每天举行,所以已成为寺院最经常的佛事活动。

安居

上述日常行事基本上是以日作为活动周期的,与此同时,寺院中还有季节性的活动。其中最值得一说的便是安居。

安居本来是受印度气候影响而形成的一种佛教修行制度。印度属西南季风气候,每年夏天有三个月左右是雨季。在这期间僧人如果出外乞食,很可能踩杀地面的虫类及草树的新芽。于是出家人禁止出外,而聚居一处专心致志地修行,称安居。又称夏安居、雨安居、坐夏、夏坐、结夏、坐腊、一夏九旬、九旬禁足、结制安居、结制等。

佛教传入中国之后,从十六国的姚秦时代起,也实行安居之制。但由于风土民情存在差异，具体的做法有所变通。而且，禅宗大兴之后，还仿效夏安居的做法创造出冬安居。

夏安居一般在农历四月十六至七月十五之间，结束时称"解夏"。冬安居则一般在十月十五至次年正月十五之间，开始称"结冬"，结束称"解冬"。

安居期间，寺院处于封闭状态，闭门谢客，也不接待行脚僧。每天早晚功课照常，其他时间，安禅的仍旧坐禅，不坐禅的念佛。寺院还安排讲经、讲律、讲论。冬安居期间则主要是安排打"禅七"，共打七七，然后"解七"。

安居开始时要举行隆重的仪式，夏安居结束时还要举行一年一度的"自恣"。即请别人检举自己的过失，以便忏悔。自恣过后，便算是增加了一年僧龄，称"僧腊"或"法腊""夏腊"。在佛教界，这是一个极为重要的资历，出家人用以定长幼次序的依据。

需要说明的是，由于安居对寺院的僧团规模及经济实力有一定要求，因而并不是所有寺院都能实行安居之制，只有较大型的正规寺院才有条件。

节日与法会

佛教的节日主要有浴佛节、腊八节、盂兰盆会以及众多的佛菩萨诞日。

浴佛节

浴佛节是为了纪念释尊诞生的重大节日，又称"灌佛"，或"佛诞节"。寺院在这一天举行盛大的诵经法会，还在大殿里用香汤、水、甘茶、五色水等物，供奉太子像（即释迦牟尼佛诞生像）。

浴佛的仪式始于印度。中国佛教也很早就有这一活动。东汉末年笮融在今扬州、徐州一带大起浮屠祠，史称"每浴佛，多设酒饭，布席于路，经数十里，人民来观及就食且万人"。这便是中国史籍中最早的"浴佛会"。两晋南北朝以后，这一节庆在各地普遍流行。

浴佛节的日期，东南亚各国是以四月十五日，即佛成道日、佛涅槃日。中国的蒙藏地区也是如此。但中国的佛典中，对这一节日的记载则有二月八日、四月八日和十二月八日之异。汉末笮融的浴佛日期，史未明载；北朝多于四月八日。南朝梁以后至辽初，大多用二月八日。到了宋代，北方改用十二月八日，南方则用四月八日。元代的《幻住庵清规》及《敕修百丈清规》均规定四月八日为释诞，此后南北浴佛的日期就趋于一致，相沿至今不变。

腊八节

腊八指的是我国传统农历的十二月初八。汉传佛教以四月初八为佛诞日，二月初八为佛出家日，十二月初八为佛成道日，二月十五为佛涅槃日。这几个日子寺院中都要举行一些纪念仪式，尤其以腊八和上述的四月八日特别隆重,并且在民间影响深远。

传说释迦牟尼在成道之前,曾修苦行多年,以致形销骨立,后决定放弃苦行,遇见一牧女呈献乳糜,食后体力恢复,遂端坐菩提树下沉思,终于成道。为此,寺院中于此日举行法会,且以米及果物煮粥供佛,称"腊八粥",供佛之后施与民间。很多地方的民家也普遍于此日煮粥,成为习俗。

盂兰盆会

盂兰盆会是汉传佛教地区根据《盂兰盆经》而于每年七月十五日举行的超度历代宗亲的法会。经中说,佛弟子目连以天眼通看见其亡母生在饿鬼道,无可救拔,因而去问佛陀。佛陀告诉他在七月十五众僧自恣之日,集百味饭食于盂兰盆中,供养十方自恣僧,那么他七世父母及现在父母还在厄难中的便可以离饿鬼之苦,往生人世或天界享受福乐。

《盂兰盆经》是西晋竺法护翻译的。依该经而举行仪式,始于南朝梁武帝萧衍。《佛祖统纪》卷三十七记载,大同四年（538）梁武帝幸同泰寺，设盂兰盆斋。自此成为风俗。唐代对于盂兰盆供非常重视，凡国家大寺，朝廷每年都送盆献供。日本入唐僧圆仁在《入唐求法巡礼行记》中记载，长安城中诸寺在七月十五日那天供养，"倾城巡寺随喜，甚是盛会"。

宋代以后，七月十五日设盂兰盆会的风俗相沿不改，但是其内涵稍有些变化。盂兰盆会的供养意义逐渐消减，而荐亡的意义逐渐加重，并且与中国传统的祀先习俗结合起来，使这一天成为民间一年一度的"鬼节"。近世很多寺院都是为此在白天诵经，晚上放焰口向饿鬼施食。

佛菩萨诞日

除了上述三个大节，汉化佛教中还流行着一些诸佛以及菩萨诞日的节庆。如正月初一为弥勒菩萨诞日，二月二十一日为普贤菩萨诞日，四月初四为文殊菩萨诞日，七月十三为大势至菩萨诞日，七月三十为地藏菩萨诞日，九月三十为药师佛诞日，十一月十七日为阿弥陀佛诞日。

观音信仰在中国特别发达，因而观音菩萨的纪念日有三个：二月十九为观音诞日，六月十九为观音成道日，九月十九为观音出家日。

这些节日大多不见于经典记载。饶有意味的是，其中很多是根据中土高僧大德的生日而兴起的。如正月初一是布袋和尚的诞日，传说布袋和尚为弥勒菩萨的化身，于是这一天也就成了弥勒菩萨的诞日。永明延寿禅师的诞日在十一月十七日，传说他是阿弥陀佛的化身，于是这一日也就成为阿弥陀佛的诞日。

每逢佛菩萨诞日，寺院都要举行祝圣仪式。即在平常早课中加上香赞、赞偈、拜愿等仪轨。其中香赞都是一样的，只是赞偈和拜愿的内容有所差异。

水陆法会

法会又称法事、佛事、斋会、法要，是为了讲说佛法或供佛施僧等目的而举行的集会。汉化佛教到现在还经常举行的主要有水陆法会、焰口、开光、斋天、打七、讲经等。其中以水陆法会最为重要。

水陆法会全称"法界圣凡水陆普度大斋胜会"，略称

"水陆会",又称"水陆道场""悲济会"。为中国佛教经忏法事中最隆重的一种。其目的在通过佛法的巨大威力,以食施、法施为手段,救度一切众生,特别是救度陷于水陆二处受难的六道众生,使皆得解脱。

据宋代宗鉴的《释门正统》记载,水陆法会始建于梁武帝。他制作仪文,修设于镇江金山寺。其后不兴,到唐代咸亨年间(670—673),西京法海寺道英从吴僧义济得到其仪文,于是再兴法会。

这一说法是很靠不住的。因为《水陆仪轨》的文辞是依据天台宗的理论而撰述的,其中所有密咒都出于神龙三年(707)以后,不仅梁武帝,就连道英也不可能得见。

水陆法会的兴起其实是在宋代。其兴起在地域上有两个中心,一个是在蜀中(今四川)。熙宁中(1068—1077),东川杨锷制作一套水陆仪文,共3卷,流行于四川一带。这套仪文后来遗失了。元祐八年(1093)苏东坡为其亡妻宋氏设水陆道场,自撰《水陆法像赞》16篇,因其为眉山人,后人谓之《眉山水陆》。

还有一个中心在镇江金山寺。元丰七八年间（1084—1085），佛印住金山寺时，有海贾到寺设水陆法会，佛印亲自主持，规模盛大，十分壮观，于是以"金山水陆"而驰名。到绍圣三年（1096），宗赜将各家的仪文增删勘比，编定《水陆仪文》4卷。其文今亦失传，仅存《水陆缘起》，从中可知其内容之大概。

南宋乾道九年（1173），四明（今宁波）人史浩曾经过镇江金山寺，羡慕其水陆斋法之盛，于是施田百亩，在四明东湖的月波山专建四时水陆，并亲制疏辞，撰集仪文。宋孝宗还特别颁赐其"水陆无碍道场"寺额。其附近有尊教寺，师徒道俗三千人，于是也施财置田，按照月波山的仪轨，行四时普度之法。志磐据之续成《水陆新仪》6卷，以资推广。

宋代以后，水陆法会很快普及全国，特别在江淮两浙、四川、广东、福建等地十分繁盛。其中，有力者独资营办的称"独姓水陆"，而多家合资修设的称"众姓水陆"。而每逢战争结束以后，朝廷和社会各界也常以此举行大型的超度法会，参加僧众常达千人以上。明初洪武五年（1372）正月设在南京紫金山的广荐法会，甚至连明太祖与群臣也都赴会礼佛，其规模在历史上堪称登峰造极。

明代江浙间的水陆仪轨分南北两派。金山寺的旧仪为北水陆，而四明所行的新仪为南水陆。明末袾宏将《新仪》稍事改削，使南派水陆又流行于杭州。清代仪润依袾宏之意，撰成《法界圣凡水陆普度大斋胜会仪轨会本》6卷，其后咫观更成《法界圣凡水陆大斋普利道场性相通论》9卷、《水陆道场法轮宝忏》10卷，这些都成为现行水陆法会仪式的依据。

水陆法会的布置分内坛、外坛。外坛有六个坛场，各自举行不同的仪式。但重心在内坛，一般做7天，主要包括结界洒净、遣使发符、请上堂、供上堂、请下堂、供下堂、奉浴、施食、授戒、送圣等。也有简省为5天的，那就从第3天开始。每夜都要放一台焰口。到第6夜放五方焰口，内坛水陆法师及诸坛僧众均参与法事，为整个仪式的高潮。

俗讲

上述的日常行事以及节庆、法会之类都是以僧人为主体的。事实上，佛寺绝不止是僧众生活和修行的场所，它还是极为重要的公众社会活动空间。尤其在中古时代，佛教占据着整个社会文化活动的重心，佛寺在公众的社会生活中，发挥着无与伦比的重要作用。

寺院不仅通过一些佛事活动吸引社会公众的参与，而且它还有一些直接面向社会大众的活动。其中最主要的便是"俗讲"。

俗讲是唐代以后的名词，之前叫作"斋讲"。在此我们先读一段《续高僧传》卷六的一段文字：

释真玉，姓董氏，青州益都人。生而无目，其母哀其，及年至七岁，教弹琵琶，以为穷乏之计。而天情俊悟，聆察若经，不盈旬日，便洞音曲。后乡邑大集，盛兴斋讲，母携玉赴会，一闻欣领曰："若恒预听，终作法师，不忧匮馁矣。"母闻之欲成斯大业也，乃弃其家务，专将赴讲，无问风雨艰关，必期相续。玉包略词旨，气摄当锋，年将壮室，振名海岱。

这是一个令人印象极为深刻的例子。在北朝后期中国北方的一个穷乡僻壤，一个生而无目的农家小孩，是"斋讲"给了他改变命运的机缘——准确地讲，不是"改变"，而是实实在在给了他命运。试想，如果不是当时乡邑间"盛兴斋讲"，他顶多也只能靠弹琵琶卖唱了其一生，何至于"振名海岱"，并且后来成为列名《高僧传》的人物呢？

世间事就是这样的不可思议。

"俗讲""斋讲"，简单地讲就是以俗家人为对象的讲

经。既然是讲经,当然就有一套固定的程序。敦煌遗书中对此有着明确的记载:

> 夫为俗讲,先作梵。了,次念菩萨两声,说押坐。了,素唱《温室经》。法师唱释经题。了,念佛一声。了,便说开经。了,便说发愿。了,念佛一声,便一一说其经题字。了,便说经本文。了,便说十波罗蜜等。了,便念佛赞。了,便发愿。了,便又念佛一会。了,便回向发愿取散。

而在这之前,还有一个请法师(讲经师)、都讲(主持)入座的仪式:

> 夫为受座,先启告请诸佛。了,便道一文,表叹使(施)主。了,便后赞戒等七行事科。了,便说八戒。了,便发愿施主。了,便结缘念佛。了,回向发愿取散。

从上引的记载中可知，俗讲的程序主要包括五大步骤：（1）作梵、说押座文；（2）唱释经题、开经发愿；（3）释经之正文；（4）说十波罗蜜、念佛赞、发愿；（5）回向、取散。

就宗教层面而言，讲经最重要的应该是上述"（3）"中释经之正文，然而不然。由于听众是俗家人，正儿八经地拉长了脸讲经，效果无疑有限，甚至还有可能适得其反。于是为了吸引听众，同时为了让所讲的内容深入浅出、便于理解，整个俗讲的过程十分引人入胜。

首先，从语言形式上来说，所谓俗讲绝不是什么一般意义上的"讲"，而是包含了大量的唱。"作梵"固然不必说，"说押座"其实也是在唱。在那个时代，社会上可有其他机会能欣赏到音乐会吗？当然没有。其次，俗讲的主角有两个人，一般由"都讲"唱一段经文，然后"法师"解说之，再以韵文吟唱一番，形式相当活泼。再加上其内容包含着许多文学故事，有时甚至以说唱故事为主，情节曲折，文辞生动，两个人一唱一和，简直就是一场包含着说教意味的曲艺表演。

俗讲当然有文本依据，称"话本"。按敦煌遗书中保留下来的，大体上可分为三类：

（1）押座文："押"亦作"压"，"座"即在座听众之意。均以七言或八言韵文为中心，末句均为"某某某某唱将来"，旨在静摄听众，并隐括全经、引出下文。相当于后世话本的入话、引子、楔子之类。

（2）讲经文：这是俗讲话本的正宗，大多包括散文和韵文两部分。散文或分析全经结构，或引据经文段落，或摘述某段故事；韵语则以七言为主，偶尔夹杂一些三言、五言、六言句，末尾也常以"某某某某唱将来"结束。

（3）变文：亦称"俗文""唱文""讲唱文""缘起"等。为俗讲僧创作，用于俗讲时讲唱。内容以宣传佛教教义为主题，或讲述佛经故事，或演说历史题材，或敷衍民间传说，具有很强的文学性。

目前学术界对于佛教文学还在不断的探索当中。过去有人认为：俗讲虽有三种话本，却以讲经文为宗，押座文为引子，变文不过是补充材料而已。而最近的研究提出："变文"的含义其实就是对于佛经的通俗化。也就是说，变文就是通俗化的讲经文。既然如此，在俗讲过程中，变文恐怕不止是"补充材料"而已。

"俗讲"一词出现于唐初。《续高僧传》卷二十载善伏于贞观三年（629）在常州义兴（今江苏宜兴）因听俗讲而出家，显然这绝不是一时一地特有的现象。从唐到五代，俗讲一直十分盛行。在长安，甚至有奉敕令而举行一个月的，一年三次，于正月、五月、九月三个长斋月举行。在《资治通鉴》中，甚至还有宝历二年（826）六月己卯唐敬宗"幸兴福寺观沙门文溆俗讲"的记载。开讲的经文，有《法华》《涅槃》《金刚》《华严》《般若》等大乘经典。而各地寺院的短期俗讲也颇有不少。从敦煌文献中还可知，当时边疆地区的俗讲也相当普及。

这样盛大的公众集会对政府而言当然也是件值得警惕的事，因而到了北宋，显然出于社会安全方面考虑，俗讲与异教一齐遭到禁止。不过据《释门正统》所载，俗讲在南宋理宗时（1225—1264）仍有余存，这样，以"俗讲"名义而存在的这一讲经形式在历史上前后延续了五百余年（公元 7—13 世纪）。

除了留下上述押座文、讲经文、变文三种体裁的文学作品，俗讲对于中古其他的文学创作、文学活动也影响深远。宋以后兴起的说话人、话本、宝卷、诸宫调、弹词等文学形式，均导源于此。而迄今还在戏剧中具有极大影响的《目连戏》，更是中古《目连变文》的直系后裔。

公众游览

俗讲对于公众社会生活的影响，究其实还是有季节选择的；与此同时，寺院还以其他种种方式对社会公众产生着随机的、不受季节限制的影响。其中最值得一说的是，它相当于向公众开放的公园。

说到公园，现代人可能有点难以想象。但凡对中国园林史有所了解的人，应该都知道现在遍布全国各地的公园都是清末以来西风东渐的产物，中国本土的文化传统中，在此之前其实是没有现代意义上的公园的。中国古代的园林基本上只有三大类型：皇家园林、私家园林、寺观园林。这其中，皇家园林当然是百姓不得进入的，私家园林也很少向社会公众开放,而百姓得以自由出入的,也就只有寺观这一园林类型了。

还是来看实际情况。据古典园林史专家周维权先生研究,中国古代的寺观园林包括三种情况:一是毗邻寺观而单独建置的园林,犹如宅园之与邸宅;二是寺观内部各殿堂庭院的绿化或园林化;三是郊野地带寺观外围的园林化环境。

这第三种情况,应该是无须多言的。古话常说:"天下名山僧占多""深山藏古寺"。那些寺宇僧舍坐落在名山、深山,不仅本身成为自然风景的点缀,就连自然风景也因为寺观的存在而特别有了一种园林化的意味。如《世说新语》的"栖逸篇"所载:

> 康僧渊在豫章,去郭数十里立精舍。旁连岭,带长川,芳林列于轩庭,清流激于堂宇。乃闲居研讲,希心理味。庾公诸人多往看之,观其运用吐纳,风流转佳。加已处之怡然,亦有以自得,声名乃兴。

而类似的情形，在《水经注》中记载的就更多。如《水经·济水注》称：

> 济水又东北，右会玉水。水导源太山朗公谷，旧名琨瑞溪，有沙门竺僧朗，少事佛图澄，硕学渊通，尤明气纬，隐于此谷，因谓之朗公谷。故车频《秦书》云：苻坚时沙门竺僧朗尝从隐士张巨和游，巨和尝穴居，而朗居琨瑞山，大起殿舍，连楼累阁，虽素饰不同，并以静外致称。即此谷也。

又《水经·沮水注》亦载：

> 沮水南迳临沮县西，青溪水注之。水出县西青山之东，……寻源浮溪，奇为深峭，盛宏之云：稠木傍生，凌空交合，危楼倾岳，恒有落势，风泉传响于青林之下，岩猿流声於白云之上，游者常若目不周玩，情不给赏，是以林徒栖托，云客宅心，泉侧多结道士精庐焉。

这实在是再好也没有的园林史资料了。看到这些文字，我们脑海里不禁浮现出一派佛国仙境、天人合一的美妙图景。寺观与自然景观的相互交融、相得益彰清晰可见。

上述第一、二种情形，在城市中表现得特别显著。早在南北朝时期就已经显现出来。当时舍宅为寺的风气特别旺盛。宅既可舍而为寺，原主人的社会地位、宅子的建筑规模可想而知。那些宅子很多是有附设的宅园的，舍而为寺后，宅园也就顺带成为寺院的附园。至于寺院内部庭院的园林化倾向，更比比皆是。可以说，几乎没有出现非园林化的寺院。

《洛阳伽蓝记》对此有大量生动的描述。当时寺院拥有附园的情况相当普遍，如景林寺：

> 景林寺，在开阳门内御道东。讲殿迭起，房庑连属，丹槛炫日，绣桷迎风，实为胜地。寺西有园，多饶奇果，春鸟秋蝉，鸣声相续。中有禅房一所，内置祇洹精舍，形制虽小，巧构难加。以禅阁虚静，

隐室凝邃，嘉树夹牖，芳杜匝阶，虽云朝市，想同岩谷。静行之僧绳坐其内，飡风服道结跏数息。

而有些寺院与附园浑然一体，如宝光寺，其园林规模很是不小：

宝光寺，在西阳门外御道北。有三层浮图一所，以石为基，形制甚古，画工雕刻。隐士赵逸见而叹曰："晋朝石塔寺，今为宝光寺也。"人问其故，逸曰："晋朝三十二寺，尽皆湮灭，唯此寺独存。"指园中一处曰："此是浴室，前五步应有一井。"众僧掘之，果得屋及井焉。井虽填塞，砖口如初。浴堂下犹有石数十枚。当时园池平衍，果菜葱青，莫不叹息焉。园中有一海，号咸池，葭菼被岸，菱荷覆水，青松翠竹，罗生其旁。京邑士子，至于良辰美日，休沐告归，征友命朋，来游此寺，雷车接轸，羽盖成阴。或置酒林泉，题诗花圃，折藕浮瓜，以为兴适。

五　更向何处度此生　　　　　　　　　　207

从这段资料中我们可以得到两点很重要的信息：其一，宝光寺既为西晋的石塔寺，说明这些园池也是在西晋时就有的。如此，可以表明寺院拥有园林的现象已成为中国佛寺建筑的一个传统。其二，末尾两句所说的"京邑士子"到了良辰或假期"征友命朋，来游此寺"，而且规模盛大，说明当时宝光寺的园林已经承担了现代意义上"公园"的功能。

《洛阳伽蓝记》还记载：

> 龙华寺，广陵王所立也；追圣寺，兆海王所立也；并在报恩寺之东。……京师寺皆种杂果，而此三寺园林茂盛，莫之与争。

通过这段概述性的文字我们可以看到，当时洛阳佛寺的园林化建设确实已经到了一个十分普遍的地步。

南方山明水秀，景色清奇，南朝的佛寺在园林化建设方面自然不可能比北方落后。就连梁武帝创建在建康城内的同泰寺，也有资料描述其：

是吴之后苑，晋廷尉之地，迁于六门外，以其地为寺。兼开左右营，置四周池堑。浮图九层，大殿六所，小殿及堂十余所。宫各像日月之形，禅窟禅房，山林之内。东西般若台各三层。筑山构陇，亘在西北，柏殿在其中。东南有璇玑殿，殿外积石种树为山，有盖天仪，激水随滴而转。

(《建康实录》引《舆地志》)

其精巧较之北方佛寺有过之而无不及。即此一例，当可以概见南方佛寺的普遍情形。

隋唐以后，由于国家对寺院管理的深入，寺院由原先的数量扩张转而至于规模的扩大，正规寺院的经济实力普遍有所增强。大型寺院都是占地广大、连宇成片的建筑群，往往分成若干院，形成殿堂、寝膳、客房、园林四类功能分区。

据《长安志》记载，唐代长安的寺院中，规模最大的大兴善寺居然占到一坊之地。其中颇有林木之胜：

> 三藏塔前多老松，岁旱时官伐其枝为龙骨以祈雨。盖以三藏役龙，意其枝必有灵也。东廊素和尚院庭有桐四株，元和中名卿相多游此院。

从其末句还可以看出当时它向社会开放的情形。类似的绿化环境在当时长安几乎每一个寺院都可以找到。

唐代长安、洛阳一带盛行赏花。洛阳牡丹甲天下，就是从那时留下的口号。而当时赏花的地点，大多在佛寺道观。《全唐诗》中，吟咏到佛寺赏花的篇什俯拾皆是。如权德舆有一首《和李中丞慈恩寺清上人院牡丹花歌》：

> 澹荡韶光三月中，牡丹偏自占春风。时过宝地寻香径，已见新花出故丛。曲水亭西杏园北，浓芳深院红霞色。擢秀全胜珠树林，结根幸在青莲域。艳蕊鲜房次第开，含烟洗露照苍苔。庞眉倚仗禅僧起，轻翅萦枝舞蝶来。独坐南台时共美，闲行古刹情何已？花间一曲奏阳春，应为芬芳比君子。

不仅一般人，就连皇帝也经常到寺院里游览、赏花。《全唐诗》中有一组《奉和九月九日登慈恩寺浮图应制》诗，便是中宗带领群臣在慈恩寺登高、赏花而留下的作品。其中李峤的一首写的是：

> 瑞塔千寻起，仙舆九日来。萸房陈宝席，菊蕊散花台。御气鹏霄近，升高凤野开。天歌将梵乐，空里共裵回。

既然如此，文人雅士去寺院中与僧人聚会就更是再平常不过之事。王维在《青龙寺昙壁上人兄院集（并序）》中写道：

> 吾兄大开荫中，明彻物外，以定力胜敌，以惠用解严，深居僧坊，傍俯人里。高原陆地，下映芙蓉之池；竹林果园，中秀菩提之树。八极氛雾，万汇尘息。太虚寥廓，南山为之端倪；皇州苍茫，渭水贯于天地。

五　更向何处度此生

这篇文章目的在于拍那位"吾兄"的马屁,但通过描写其所居的环境,特别是中间"高原陆地""竹林果园"那一联,很好地把僧坊中的园林设施反映出来了。

当然这种情形并不仅仅存在于长安。其他地方,我们只需读一读白乐天的名篇《大林寺》诗就够了:

> 人间四月芳菲尽,山寺桃花始盛开。长恨春归无觅处,不知转入此中来。

无须更多细致的描写,轻轻地一句"山寺桃花",就足以把郊野佛寺的园林化效果展现得活泼泼的。

宋代对佛教实行保护政策,寺院一般都拥有田地、山林、园池。特别是到了南宋,禅宗寺院"伽蓝七堂"之制确立,其他宗派寺院亦步亦趋,标志着佛教建筑的汉化过程彻底完成。至此,佛寺园林世俗化倾向愈发明显,同时文人园林的趣味也广泛地渗透到佛寺的造园活动中,使得佛寺园林由世俗化而再进一步,呈现出"文人化"。

作为此时佛寺园林文人化的典型代表，当推扬州平山堂。该园由欧阳修主持修造并题写匾额，同时又是大明寺的组成部分，到现在仍是当地著名的胜迹。

但当时佛寺园林集中的所在还是在东南，东南又尤其在南宋都城所在的杭州，而杭州又尤其在西湖边上。《武林旧事》卷五盛赞下天竺寺云：

> 大抵灵竺之胜，周回数十里，岩壑尤美，实聚于下天竺寺。自飞来峰转至寺后，诸岩洞皆嵌空玲珑，莹滑清润，如虬龙翔凤，如层华吐萼，如皱縠迭浪，穿幽透深，不可殚览。林木皆自岩骨拔起，不土而生，传言兹岩韫玉，故腴润若此。石间波纹水迹，亦不知何时有之。其间唐宋游人题名，不可殚记，览者顾景兴怀云。

在这里，天然景致与人工造设如此的水乳交融，其中又有不可殚记的唐宋游人题记，览者的"兴怀"自然是一种浓郁的文人情怀。

元代以后,由于佛教已呈停滞之势,佛寺园林也没有出现新的发展。到了明代,由于社会上朝山风气的兴起,四大佛教名山形成,佛寺园林与大大小小山林的结合出现了前所未有的兴旺之势。不过就园林的建造原则和审美趣味而言,仍只是顺延了宋代以来的发展路径。就是说,此时的兴旺只是一种数量上的繁衍,基本上没有内涵的变化。

士子读书

以上说的供公众游览是到现在寺院还在发挥着的一项社会功能，现在要说的是只在中古时期一度盛行的一种社会风气。

中国古代的意识形态历来号称儒释道三教。三教之间的关系，按理说存在着一定的竞争，然而由于它们各自所处的位置不同，儒家一直占据着传统文化的核心，因而释道之间基本上是互相打压，而佛教对儒家，基本上是巴结。

自从东晋十六国佛教大规模向全社会传播，僧侣就对儒士保持着相当的礼敬（儒士对僧人排斥的倒是不乏)。有一个相当著名的笑话，说的是唐人李涉本来有一首《登山》诗：

> 终日昏昏醉梦间，忽闻春尽强登山。因过竹院逢僧话，又得浮生半日闲。

这当然是令人十分愉快的结果。不料后来有一人也有同样的经历，只是遇上的僧人俗不可耐，偏偏拉住他说这说那，弄得他毫无趣味，欲走又不能，于是他将这首诗的首末两句颠倒过来，以状心情：

> 又得浮生半日闲，忽闻春尽强登山。因过竹院逢僧话，终日昏昏醉梦间！

就改诗者而论，这当然是很好笑、很难过的一段经历。不过如果站在那位僧人的立场，那就一点也不好笑，甚至还有点令人心酸：好意去奉承一个人还得到这样的嘲弄，这样的经历又何尝不令人难过？

从这个笑话里，历史上佛儒两家的关系可谓毕显无遗。

中国古代读书人的命运，也是到宋代才开始好那么一点点。赵家天子令各州县都设立学校，儒家士子上进读书才有一个地方。在那之前，政府对于这些是一概不管的——你读不读书关别人屁事？——如果在唐以前，那更惨，索性就没有书读，也不用读书。那时候实行的人才选拔制度是荐举制，没读过书不行，但是不靠读书。特别在魏晋南北朝时期，实行九品中正制，一个人能否被推荐完全看出身门第，所谓"上品无寒门，下品无士族"，所谓"士庶天隔"，个人毫无办法。

不靠读书的时代也就罢了。唐代开始实行科举制，让社会各阶层的人都有机会凭借个人努力而改变命运，所谓"朝为田舍郎，暮登天子堂"，这实在是平民百姓的造化。可是，读书是要本钱的。个人能不能读，是本钱一；而家境允不允许读，是本钱二。多少人就是因为本钱二不够，而蹉跎一生。

寺院，竟然在那个特定的时代里承担了这样一份特殊的社会功能。

想必很多人都记得古典戏曲名著《西厢记》,里面说的是唐代的故事,男主角张生正是一个在寺院里读书的士子。早在唐代元稹撰写的《莺莺传》中,故事是这样起头的:

> 唐贞元(785—804)中,有张生者,……游于蒲(州,治今山西永济县西),蒲之东十余里,有僧舍曰普救寺,张生寓焉。适有崔氏孀妇,将归长安,路出于蒲,亦止兹寺。

在当时显然是相当普遍的风气,因而元稹只是简单地讲张生"寓焉"普救寺。但是张生寓在佛寺做什么呢?僧寺为什么要接待他呢?到元人写《西厢记》时,对此便作了很好的铺垫。该剧的第一本第二折写道:

> 〔末上〕昨日见了那小姐,倒有顾盼小生之意。今日去问长老借一间僧房,早晚温习经史;倘遇那

小姐出来，必当饱看一会。

虽则醉翁之意不在酒，但"温习经史"显然是在当时非常名正言顺的一个题目，否则他这篇文章就不可能做得下去。稍后张生与普救寺长老法本（洁角）之间的对手戏，将当时情状展开得更加生动：

〔洁云〕先生世家何郡？敢问上姓大名，因甚至此？〔末云〕小生姓张，名珙，字君瑞。

【石榴花】大师一一问行藏，小生仔细诉衷肠，自来西洛是吾乡，宦游在四方。寄居咸阳。先人拜礼部尚书多名望，五旬上因病身亡。

〔洁云〕老相公弃世，必有所遗。〔末唱〕

平生正直无偏向，止留下四海一空囊。

【斗鹌鹑】俺先人甚的是浑俗和光，衡一味风清月朗。

〔洁云〕先生此一行必上朝取应去。〔末唱〕

小生无意求官，有心待听进。

小生特谒长老，奈路途奔驰，无以相馈。

量着穷秀才人情则是纸半张，以没甚七青八黄，尽着你说短论长，一任待掂斤播两。

径禀：有白银一两，与常往公用，略表寸心，望笑留是幸！〔洁云〕先生客中，何故如此？〔末云〕物鲜不足辞，但充讲下一茶耳。

【上小楼】小生特来见访，大师何须谦让。

〔洁云〕老僧决不敢受。〔末唱〕

这钱也难买柴薪，不够斋粮，且备茶汤。

〔觑聪云〕这一两未为厚礼。

你若有主张，对艳妆，将言词说上，我将你众和尚死生难忘。

〔洁云〕先生必有所请。〔末云〕小生不揣有恳，因恶旅冗杂，早晚难以温习经史，欲假一室，晨昏听讲。房金按月任意多少。〔洁云〕敝寺颇有数间，任先生拣选。〔末唱〕

【幺篇】也不要香积厨，枯木堂。远有南轩，离着东墙，靠着西厢。近主廊，过耳房，都皆停当。

〔洁云〕便不呵,就与老僧同处何如?〔末笑云〕要恁怎么。

你是必休提着长老方丈。

当中的"聪"指法本长老座下弟子法聪。这段戏文虽然出自元人手笔,但文中对于人情世故的把握,显然与唐代并无二致。从中可以看到,读书人理论上是要付出"房金"的,不过,事实上寺院不会斤斤计较。法本长老一句"先生客中何故如此",既恰如其分地表现了出家人的身份,又透露出了此类事情的做事规矩,即:富可多,贫可少,主要是个意思。

史料中我们可以看到很多唐人住在寺院长期用功的案例,由此还形成了一系列典故。一个是"随僧洗钵",说的是大中三年(849)进士徐商:

> 初贫窭,于中条山万固寺入院读书。家庙碑云"随僧洗钵"。

既然"贫窭",付不起"房金"可知。所谓"随僧洗钵",显然是指帮僧人洗钵从而换碗饭吃。对事主来说,从这样的环境中奋斗出来,确实有必要在家庙碑中重重地写上一笔。而就寺院而言,不仅为贫寒士子提供一个读书的环境,而且还用斋饭养着他,这份慈悲,说来是很令人感动的。

这种事例绝不是个别的。另一个与此相关的典故"随僧饭",也来自一段非常类似的感人经历:

> 唐罗珦,庐陵人,不事产业,以至贫困。常投福泉寺,随僧饭,而力学不废。二十年后持节归乡里,及境,至僧房,题诗壁上曰:
>
> 二十年前此布衣,鹿鸣西上虎符归。故时宾吏追前事,到处松杉长旧围。野老共遮官路拜,沙鸥遥认隼旗飞。春风一宿琉璃殿,唯有泉声惬素机。

当然,一般僧人也是肉眼凡胎,不知道哪块云彩会下雨,因而并非所有在寺院里蹭饭、读书的经历都令人愉快。流传很广的"饭后钟"的典故说来便令人心酸不已：

> 王播少孤贫，尝客扬州惠昭寺木兰院，随僧斋餐，僧厌怠，乃斋罢而后击钟。后二纪，播出镇淮南，访旧游，而题名处皆以碧纱幕其诗。播继赋二绝句：
>
> 三十年前此院游，木兰花发院新修。如今再到经行处，树老无花僧白头。
>
> 上堂已了各西东，惭愧阇黎饭后钟。三十年来尘扑面，而今始有碧纱笼。

想必类似的事例很多，因而这一故事有两个版本，上面这个版本事主是王播，地点在扬州；而另一个版本的事主换成了段文昌，地点在荆州。

心酸归心酸，但如果理智一点看，对寺院还是应该存一份感激。寺僧的"厌怠"，无疑因为随斋时间太长。无论如何，之前还是供给过的。也许在当时的社会环境中,一般人把寺院当作唯一的慈善机构,而且认为它负有无限责任,才会对"饭后钟"这种其实还比较委婉的举动遗憾不已吧?

寺院对于儒士的扶助作用直到宋初仍相当明显。北宋兴学之前,公共的儒学教育机构只有书院。其中最早的岳麓书院,正式创建于开宝九年(976),而其发端竟然是五代时的两位僧人。宋人欧阳守道追述此事云:

> 书院乃寺地。有二僧,一名智璇,一名某,念唐末五季,湖南编户风化凌夷,习俗暴恶,思见儒者之道,乃割地建屋,以居士类。凡所营度,多出其手。时经籍缺少,又遣其徒,市之京师而负以归。士得屋以居,得书以读。其后版图入职方,而书院因袭增拓至今。

类似的情形颇有不少,在此不多举例。个中情形,实在是值得研究中国文化史的人深长思之的。

陆

桃花源与竹林寺

寺院与佛教传说故事

佛教与故事

很多对佛教缺乏了解的人，一听说佛教、佛经，可能都会有一种很枯燥、很艰深的感觉。不错，佛教文化是很深，可是它并不艰，尤其不枯燥。恰恰相反，它其实是很活泼、很引人入胜的。

印度是一个很耽于幻想、想象力很丰富的民族。印度的民间传说故事，在很古的时候便非常发达。这些故事进入佛教中，使得佛经具有很强的文学性。随着佛典翻译成汉语，这些印度的民间故事对中国产生了极为深刻的影响。

在此不妨举例说明。早在唐代，段成式就在《酉阳

杂俎》中指出,南朝梁吴均《续齐谐记》中的一个故事出自三国时康僧会所译《旧杂譬喻经》:

> 释氏《譬喻经》云:昔梵志作术,吐出一壶,中有女与屏,处作家室。梵志少息,女复作术,吐出一壶,中有男子,复与共卧。梵志觉,次第互吞之,柱杖而去。余以吴均尝览此事,讶其说以为至怪也。

《续齐谐记》中的故事是这样的:

> 东晋阳羡许彦于绥安山行,遇一书生,年十七八,卧路侧,云:脚痛,求寄彦鹅笼中。彦以为戏言,书生便入笼。笼亦不更广,书生亦不更小。宛然与双鹅并坐,鹅亦不惊。彦负笼而去,都不觉重。
>
> 前息树下,书生乃出笼。谓彦曰:"欲为君薄设。"彦曰:"甚善。"乃于口中吐一铜盘奁子,奁子中具诸馔殽,海陆珍羞方丈,其器皿皆是铜物,气味芳美,世所罕见。酒数行,乃谓彦曰:"向将一妇

人自随，今欲暂要之。"彦曰："甚善。"又于口中吐出一女子，年可十五六，衣服绮丽，容貌绝伦，共坐宴。

俄而书生醉卧。此女谓彦曰："虽与书生结好，而实怀外心，向亦窃将一男子同来，书生既眠，暂唤之，愿君勿言。"彦曰："甚善。"女人于口中吐出一男子，年可二十三四，亦颖悟可爱，仍与彦叙寒温。书生卧欲觉，女子吐一锦行幛，书生仍留女子共卧。

男子谓彦曰："此女子虽有情，心亦不尽，向复窃将女人同行，今欲暂见之，愿君勿泄言。"彦曰："善。"男子又于口中吐一女子，年二十许，共宴酌。戏调甚久，闻书生动声，男曰："二人眠已觉。"因取所吐女子，还内口中。

须臾，书生处女子乃出，谓彦曰："书生欲起。"更吞向男子，独对彦坐。书生然后谓彦曰："暂眠遂久，君独坐，当悒悒耶。日已晚，便与君别。"还复吞此女子，诸铜器悉内口中。留大铜盘，可广二尺余。与彦别曰："无此藉君，与君相忆也。"

大元中，彦为兰台令史，以盘饷侍中张散，散看其题，云是汉永平三年所作也。

两相对照，这个故事受到上引《譬喻经》的影响是勿庸赘述的。

事实上，在此之前，东晋荀氏所撰的《灵鬼志》中已出现了一个类似的故事：

太元十二年（387），道人外国来，能吞刀吐火，吐珠玉金银。自说其所受术师，白衣，非沙门也。尝行，见一人担，担上有小笼子，可受升余，语担人云："吾步行疲极，寄君担。"担人甚怪之，虑是狂人，便语云："自可尔耳。君欲何许自屠耶？"其答云："若见许，正欲入笼子中。"担人逾怪，下担。入笼中，笼不更大，其亦不更小，担之亦不觉重于先。

既行数十里，树下住食。担人呼共食，云："我自有食。"不肯出。止住笼中，出饮食器物，罗列肴膳，丰腆亦办，反呼担人食。未半，语担人："我欲与妇共食。"即复口出一女子，年二十许，衣裳容貌甚美。二人便共食。食欲竟，其夫便卧，妇语担人："我有外夫，欲来共食。夫觉，君勿道之。"妇便口中出一年少丈夫，共食。笼中便有三人，宽急之事，亦复不异。有顷，其夫动，如欲觉，其妇以外夫纳口中。夫起，语担人曰："可去。"即以妇内口中，次及食器物。

上述三篇故事形成了一个有趣的序列：《譬喻经》中的故事完完全全是印度的，无需多说；《灵鬼志》中的故事，虽然通过主人公之口明确交待了外国渊源，但主人公已经活动到中国来了；到了《续齐谐记》中，故事的主人公干脆变成了一个中国书生。而且，《续齐谐记》成书最晚，其故事内容最繁，而故事的年代反而愈早。如此种种，反映了一个清晰的发展线路。

这个线路也就是佛教故事传译到中国后，逐渐地本土化。

以往的研究者都已经注意到佛教故事在中国的本土化过程，所有关于佛经文学以及民间故事的研究论著大多有程度不等的相关内容。蒋述卓先生在《佛经传译与中古文学思潮》一书的第二章就志怪小说与佛教故事的关系提出：志怪小说对佛教故事形式的接受可分为三类，一是"故事基本结构的袭用"，二是"借用佛教文学故事的部分情节掺入本国故事中"，三是"故事类型的袭用"。其中，第一类又包含两种情形，一种是"开始时大概还表现为不标出处的照抄，而后才慢慢地将其中的人物、环境本土化"，另一种是"在一开始时就采用移植翻版的手法，将佛教故事完全中国化"。这一总结是非常全面而精彩的。

然而事情也有它的另一面。在佛教故事逐渐本土化的同时，中国僧人也利用佛教的某些印度元素创作出完全本土化的佛教传说。这一情形在过去还没有引起人们注意，在这里我们来分析一个案例。正好这个案例与寺院有关，可以反映中古时期寺院文化的某些方面。

荣山洞穴

故事必须从《续高僧传》开始讲起,该书卷二十五《魏太山丹岭寺释僧照传》云:

> 释僧照,未详氏族,住泰山丹岭寺。性虚放,喜追奇,每闻灵迹谲诡,无不登践。尝瀑布之下多诸洞穴,仙圣攸止,以魏普泰年(531)行至荣山,见飞流下有穴,因穴随入。行可五六里,便出穴外,逐微迳东北上数里,得石渠阔两三步,水西流,清而且澈,带渠药草,延蔓委地。渠北有瓦舍三口,形甚古陋,庭前谷穗纵横,鸟雀残食。东头屋里有

数架黄帙，中间有铁臼两具，亦有釜器，并附游尘，都无炊爨之迹。西头屋内有一沙门，端坐俨然，飞尘没膝。四望惟见茂林悬涧，非复人居。

须臾逢一神僧，年可六十，眉长丈余盘挂耳上，相见欣然如旧。问所从来，自云："我同学三人来此避世。一人外行未返；一人死来极久，似入灭定，今在西屋内，汝见之未？——今日何姓为主？"答是魏家。僧云："魏家享国已久，不姓曹耶？"照云姓元。僧曰："我不知。"遂取谷穗捣之作粥，又往林中叶下取梨枣与之令啖。僧云："汝但食，我不啖此。"又问诵何经，照云诵《法华》，神僧领头曰："大好精进业，今东屋格上如许经，并自诵之，欲得闻不？"照合掌曰："惟敢闻命。"彼遂部别诵之，声气朗彻，乃至通夜。照苦睡，僧曰："但睡，我自恒业耳。"达旦不眠，更为造食。照谢曰："幸得奉谒，今且暂归，寻来接事。"僧亦不留，但言："我同学行去，汝若值者，大有开悟，恨不见之。既言须归，好去。"

照寻路得还，结侣重往，瀑布与穴莫测其处。今终南诸山亦有斯事，既多余涉，不无其理云。

这篇文字，如果我们忽略其中与佛教有关的细节，一定会恍惚是否在温习五柳先生那篇著名的《桃花源记》。两者在结构上实在是太雷同了：第一，桃花源是一个隔绝于人间之外的时空世界，桃源中人"不知有汉，无论魏晋"；这里僧照所到达的也是一个类似的所在。第二，桃花源的入口是隐藏在桃林后面的水源，山上的一个"小口"，即洞穴；此处僧照进入另一个世界也是通过一个洞穴。所不同的是武陵渔人进入洞穴后"行数十步"便"豁然开朗"，而僧照在洞中"行可五六里"，出穴之后又"迳东北上数里"，感觉中，桃源距人间较近而僧照所到的荥山洞穴距人间邈远，并且后者的空间较辽阔。第三，渔人出来之后还可以"扶向路"回家，再带人"寻向所志"便"不复得路"；这里僧照也"寻路得还"，到"结侣重往"时也落得个"瀑布与穴莫测其处"。

雷同之处还不止于此。桃花源虽然在时空上与人世相隔绝,但桃源中的生活却与外间无异,"土地平旷,屋舍俨然,有良田、美池、桑竹之属",并且"男女衣著,悉如外人",待客也是"要还家,设酒杀鸡作食"。个中情景纯乎是人间生活的理想写照。而僧照所到达的荣山洞穴,虽然被着力渲染成"仙圣攸止",不食人间烟火,其周围环境亦"非复人居",然而僧照眼中的石渠、瓦舍、谷穗、铁臼、釜器,处处都显露出其与世间农耕生活的联系。僧照所享用的那粥,想必是经过了一番炊爨的罢?至于那梨枣,更是华北一带的家常之物。由此可知,所谓仙境实在也不过是现实世界的一种升华而已。

还有令人更感兴趣的,桃源中人入住桃花源,其原因是"先世避秦时乱";这里僧照遇到的神僧也是"同学三人来此避世"。"避"之为言两者完全相同,而所避之世弥足引起注意。神僧所避为曹魏,自不待言,然而历史有巧合的是,僧照与之相见时国号仍旧为魏,只不过国号如旧主人非,此时的魏已不是曹魏而是元魏。由此,令人想起著名历史学家陈寅恪先生那篇著名的《〈桃花源记〉旁证》。他认为"真实之桃花源居人先世所避之秦乃符秦，而非嬴秦"。其说法之有当与否可不置论，有意思的是嬴、符两家先后都号"秦"，与曹、元两家先后共号"魏"可谓巧合而又巧合。不知陈寅恪先生作出上述推论是否曾注意到《僧照传》中的这个故事？

勿庸赘言，《僧照传》中的这个故事基本上是仿效《桃花源记》而来的，增加的也就是诵经一个情节而已。传末提及"今终南诸山亦有斯事"，但终南山的同类故事在《续高僧传》中未见记载；紧接着《僧照传》的一篇《齐邺下大庄严寺释圆通传》也记述了一个类似的故事，而背景是在相州鼓山。

鼓山竹林寺

《圆通传》的结构比起《僧照传》要复杂得多。该传在三朝《高僧传》中是少见的一篇情节曲折、叙事生动的长文,几乎可当一篇传奇小说来看。其开篇在略述圆通其人之后,并没有像《僧照传》那样直奔主题,而是先铺垫了一段圆通为一位来自鼓山竹林寺的病中客僧提供好心帮助的情节:

> 释圆通,不知氏族,少出家,泛爱通博,以温敏见称。住邺都大庄严寺,研讽《涅般》,文旨详核。以高齐武平四年(573)夏中讲下,有一客僧,形服

疏素，履操弘雅，因疾乃投诸寺中。僧侣以其所患缠附臭气熏勃，皆恶之，无敢停者；通观其量识宏远，深异其度，乃延之房中，虽有秽污，初无轻惮。日积情款，薄通其意，问何所学，答曰《涅槃》。通以素业相沿，宛然若旧，乃以经中深要及先德积迷未曾解者并叙而谈之，客僧亦同其所引，更为章句，判释泠然，雅有其致。通欣于道合，更倍由来，经理汤药，晓夕相守。曾于夜中持春酒一盏，云："客人寄患，服此为佳。"客遂颦眉饮之，一咽便止。夏了病愈，便辞通去，通曰："今授衣将逼，官寺例得衣赐，可待三五日间，当赠一袭寒服。"客云："藉乱不少，何容更烦？"通固留之，作衣遗已。临别执通手诚曰："修道不欺暗室，法师前以酒见及，恐伤来意，非正理也。从今已往，此事宜断。颇曾往鼓山石窟寺不？小僧住下舍小寺，正在石窟北五里，当绕涧驿东，有一小谷，东即竹林寺。有缘之次念相访也。"通敬谢前诫："当必往展。"于是而别。

六　桃花源与竹林寺

显而易见，这一情节正是圆通能够进入鼓山竹林寺即另一世界的因缘。作者的用意未脱因果报应的俗套，但有了这一铺垫，下文的开展就显得非常自然：

> 至明年夏初，以石窟山寺僧往者希，遂减庄严、定国、兴圣、总持等官寺，百余僧为一番。通时尔夏预居石窟，意访竹林，乃大集客主，问寺所在。众皆大笑，诫通："勿传此妖言，竹林竟无适，莫乃流俗之恒传耳。"通惟客僧见投，非常款遇，言及斯事，计非虚指。众亦异焉，乃各赍香花与通俱行。至寺北五里，小谷东出，劣（按一本作少，当是）通人迳。行可五里，升于山阜，见一老公，手巾袜额，布裈短褐，执钁开荒二十余亩，遥见群僧，放马而前，曰："何处道人不依径路？"僧云："住在石窟，欲向竹林。"公大怒曰："去年官寺放马啖我生苗，我儿遮护被打几死，今复将此面目来耶？"曳钁来逐，群僧十余望谷驰走，独不逐通。语通曰："是尔干健不返，放使入山喂虎。"通即东出数里，值一

曲涧，浅而森茂，寻涧又东，但闻南岭上有讽咏之声。通问竹林所在，应声答曰："从何处来？——岂非圆通法师乎？"通曰："是矣！"

从表面看，这一段描写与桃花源及上述僧照所到仙境的入口迥然不同，但细加寻绎，仍可以发现两处关键的相似：一，武陵渔人进入桃花源之前是"缘溪行"，僧照进入仙境是"见飞流下有穴"——穴既在瀑布下，其在山谷中可知；这里圆通也是顺着山谷行进，只不过未经一道洞穴而已。也许这是作者对于自然环境的适应，这一带的天然洞穴确实不够发达，但"浅而森茂"的曲涧，与桃花"夹岸数百步"的小溪是极为近似的。二，渔人进入桃花源、僧照进入崇山洞穴都是独自一人，这里到最后也只有圆通一人得以抵达。由此可见出发前圆通向众人咨询、众人同行遇老公驱散，种种波澜曲折都不过是作者故弄狡狯之处。

接下来的情节更值得关注：

遂披林逾险就通，略叙离阔，喜满言情。曰："下山小寺，僧徒乌合，心性动止多不称具瞻。虽然，已能降重，终须到寺。"相进数里，忽见双阙高门，长廊复院，修竹干云，青松蔽日，门外黑漆槽，长百余尺，凡有十行，皆铺首衔环，金铜绮饰，贮以粟豆，旁有马迹而扫洒清净。乃立通门左，告云："须前谘大和上。"须臾引入至讲堂西轩廊下。和上坐高床，侍列童吏五六十人。和上年可九十许，眉面峰秀，状类梵僧，凭案理文书，旁有通事者。通礼谒却立。和上命曰："既住官寺，厚供难舍，何能自屈？此寺诚无可观。"通具述意故，乃令安置。将通巡房礼讯，见两房僧各坐宝帐，交络众饰，映夺日光，语引僧云："彼是何人，辄敢来入？"振手遣去。僧有惭色，顾谓通曰："情意不同，令人阻望。且就小僧住房，可以消息。"乃将入室，具叙昔缘，并设中食，食如邺中常味。食后引观，图像庄严，园池台阁，周游历览，不可得遍。

通因自陈曰："倘得侧迹风尘，常供扫洒，生愿毕矣!"僧曰:"相逢即以为意,但须谘和上,未知果不。"夜与通宿,晓为谘白。和上曰:"甚知来意,不惜一房。凡受官请,为报不浅,依如僧法,不得两处生名,今且还去,除官名讫,来必相容。勿以为恨。"即遣送出。至马槽侧,顾慕流泪,自伤罪重,不蒙留住,执僧手别。西行百步,回望犹见门阙俨然。步步返望,更行数里许,欻见峰崿巉岩,非复寺宇。怅望寻路,行达开荒之地,了无踪绪,但有榛木耳。

这部分与桃花源及上述荣山洞穴的情景出入更大。尤其是:一,桃花源和荣山洞穴对于人世相当隔膜,"不知有汉,无论魏晋",时间上似乎是自成序列的;而此间对于人世相当洞悉,时间观念显然是同步的。二,桃花源中社会结构非常简单,"黄发垂髫,并怡然自乐",纯粹一幅"帝力于我何有哉"的图景。但此间的情形与世间无异,即便在寺院中也有森严的等级制度、复杂的管理机构,并且还有中土、西天之别。大和上的两度对白更是明白无误地显示出其与官府存在着一种合作的关系。

但相似之处也是显而易见的。可以两点言之：一，故事的结尾，武陵渔人和僧照都有一个先回家然后带人旧地重寻的步骤，而圆通是在回来的路途中已发现陈迹"了无踪绪"，虽然此文的结局太性急了一些，但效果是完全一样的，即，类似的奇遇只能一不可再。二，竹林寺的生活与世间毫无二致，寺中人着装未引起圆通半点异样感觉，招待圆通中食也是"食如邺中常味"，这与桃花源中不啻异曲同工之妙，与荣山洞穴的情形也颇多相合。

毫无疑问，《圆通传》在参照《桃花源记》的同时，有意地造设了一些变化，唯其如此，两者才会显得有同有不同。首先是为了避免突兀之嫌，特地添出一个表现主人公诚心的由头，以示异境并非人人可以得进，趁机收到一番劝善的效果。紧接着将带人同去的情节挪到前面，为此便不得不加上说服众人同行而众人又被驱散的情节。由于华北的自然条件所限，两个世界的通道没有了洞穴而以森林夹岸的曲涧直达。而考虑到桃花源那种社会状态其实令人难以置信,于是勾勒出人与人之间的差异以及官府势力的存在。这样的所在不可能直观地显示其比世间有优越之处,只好让圆通自陈愿"常供洒扫"以为判断依据。其请求既不蒙许可,回来后也就没有必要再去问津。而既不复问津,带人同往的情形便只能放到开头。这些变化都是故事发展的逻辑必然。只是竹林寺中的时间观念不便再与世间有明显的不同,于是回避了这一方面的描写。这当然是一种不得已的安排,寺中僧人既然能到世间走动,其不可能与世隔绝可想而知。苟此说可通,则两者之间的关系益发昭然。

《圆通传》末,作者发表了一通很长的"识者评",这通"评"是很令人骇异的。现在将其标点成五个自然段:

> 识者评云:前者举镬驱僧,假为神怪,令通独进,示现有缘耳。言大和上者,将不是宾头卢耶?《入大乘论》:尊者宾头卢罗睺罗等十六诸大声闻,散在诸山渚中。又于余经亦说,九十九亿大阿罗汉,

皆于佛前取筹住寿于世，并在三方诸山海中，守护正法。今石窟寺僧，每闻异钟呗响，洞发山林，故知神宫仙寺不无其实。

余往相部寻鼓山焉，在故邺之西北也，望见横石，状若鼓形。俗谚云，石鼓若鸣则方隅不静。隋末屡闻其声，四海沸腾，斯固非妄，左思《魏都》云"神钲迢递于高峦，灵响时警于四表"是也。自神武迁邺之后，因山上下并建伽蓝，或樵采陵夷，工匠穷凿，神人厌其喧扰，捐舍者多，故近代登临罕逢灵迹。而传说竹林，往往殊异，良由业有精浮，故感见多矣。

近有从鼓山东面而上，遥见山巅大道，列树青松，寻路达宫，绮华难纪，珍木美女相次欢娱，问其丈夫，皆云适往少室，逼暮当还。更进数里，并是竹林，寻径西行，乃得其寺。众僧见客，欢遇承迎，供给食饮，指其归路，乃从山西北下，去武安县不过十数里也。

暨周武平齐，例无别服。邺东夏坊有给事郭弥者,谢病归家,养素闾巷,洽闻内外,兹济在怀,先废老僧悉通收养,宅居读诵,忽闻有扣门者,令婢看之,见一沙门执锡擎钵,云:"贫道住鼓山竹林寺,逼时乞食。"弥近门声接,乃遥应曰:"众僧但言乞食,何须诈圣?"身自往观,四寻不见,方知非常人也。悔以轻肆其口,故致圣者潜焉。

近武德初年,介山抱腹岩有沙门慧休者,高洁僧也,独静修禅,忽见神僧三人在佛堂侧。休怪之,谓寻山僧也,入房取坐具,将往礼谒。及后往诣,神僧中小者抱函在前,大者在后乘虚,冉冉南趣高岭,白云北迎,奄霭不见。后经少时,又见一僧东趣岩壁,休追作礼,遂入石中。此岩数有钟鸣,依叫而扣,虽蒙声相不及言令,斯亦感见参差,不可一准。大略为言,岩穴灵异,要惟虚静,必事喧杂,希闻奇相矣。

其中,前面两段确实像传统史传篇末的那种史论。尽管这一做法在《续高僧传》中并未构成一个体例,但它们确实是作者以史家的笔调对正文进行阐发、映证，起到深化主题的作用。然而后面的三段完全不是议论，它们是各自独立的三个小故事。更准确地讲，它们像三篇附传——这一体例在《续高僧传》中是很常见的——只不过没有主名而已。

这三个故事中的人物有僧有俗，时代从北朝延续至唐初，似乎反映出鼓山竹林寺的传说故事在北朝至隋唐之间曾相当发达。联想到《续高僧传》卷二十六《隋京师大兴善寺释明芬传》所载明芬于仁寿年间送舍利往慈州之石窟寺，"白云郁起"状如迎接，并且"耿耿横空中有天仙飞腾往返"，因而有"识者"——该"识者"与上引文中的此"识者"显系同一人——也归因于"石窟之与鼓山连接密迩，竹林仙圣响应之乎"，可见鼓山竹林寺的传说确实曾经影响深远。

既然如此，类似的故事在其他史籍中有没有记载呢？

在《法苑珠林》卷十九《敬僧篇》、卷三十八《敬塔篇》、卷三十九《伽蓝篇》的"感应缘"中，三次出现了鼓山竹林寺的资料。其中，第二处是关于"鼓山竹林寺

名何代所出"的问答,在此可暂且不提;而第一处可视为第三处的节略。第三处的故事颇值得注意:

> 高齐初有异僧,投邺下寺中夏坐,与同房僧亡名欵曲意得。客僧患痢甚困,名以酒与之。客曰:"不可也。"名曰:"但饮。酒虽是戒禁,有患通开。"客颦眉为饮之。患损夏满,辞还本寺,相送出都,客曰:"颇闻鼓山竹林寺乎?"名曰:"闻之。古来虚传,竟无至者。"客曰:"无心相造,何由而至?一夏同房,多相恼乱;患痢饮酒,乃是佳药;本非所欲,为意(按当为患)而饮,愿不以此及人。山寺孤迥,时可历览,想一登陟,以副虚怀。"名闻喜跃曰:"必能导达,少死无恨。至九月间克望寻展,幸赐提引,不尔无由。"客曰:"若来,可从鼓山东面而上。东度小谷,又东北上,即是山寺。"
>
> 至期,与好事者五六人,直诣石窟寺。山僧曰:"何以得来?"曰:"欲往竹林,道由于此。"僧曰:"世人可笑,专听妖言!此山东西,我并游涉,何处

有寺？古有斯言，不劳往也。"名曰："彼客致词，极非孟浪，何有虚也？只得寻之。寻而不获，非余咎也。"石窟寺僧数十相随，依言东上。

度谷寻岭，忽见一翁把锹斸地，又见一僧来至锄禾四（按疑当为田）边，把锄曳锹曰："去年官寺道人放马，食我禾尽；今年复来蹋我秋苗！"举锹趁僧，并皆返归，唯名一人东北独上。翁曰："放你上山，乞虫吃却。"遂依东上，林木深茂，闻南岭上有吟咏声，名曰："非往者客耶？"曰："是也！"排榛而出，执手叙阔。

相将造寺，瞬目间忽见崇峰造日，修竹干云，重门洞开，复殿基（按疑当为棋）列。门外东西槽枥，饰以金铺，似有马踪，而无系者。行至门首，曰："且住此。通和尚去。"须臾便出，引入至佛殿前，礼拜讫，西至廊下。和尚可年九十许，眉长鼻高，状如西僧。傍有官吏可三十人，执文簿有所判断。举手告曰："下里山寺，殊无可观，何能远涉？"名即礼拜十数拜。和尚曰："行来疲顿，可止将至房去。"便引西房北东转，见僧凭案读经，名便礼拜，都不慰问。便引尽北行，东出至本客房中，欢笑通宵，屡言永住。彼曰："一任和尚，不敢为碍。"待明为谘，报曰："和尚不许。"乃至中食，不异邺中。临别，和尚曰："知欲永住，知友情也。然出家人不可两处安名，本寺受供，可得乖否？必欲永住，可除彼名。——好去！"便辞送出，执手恨恨。

既别凄然，行一里间，数数反顾，寺塔林竹，依然满目。更行二里，返顾一无，但是峰崖杂树。行行西下，依随本道，不见田苗，亦无田翁。乃至石窟，备为僧说之。

毫无疑问，这是上引《续高僧传·圆通传》较原始的状态。两篇文章的故事情节完全相同，而此文主人公尚未有名字。以《圆通传》传主身世事迹不详的情形而论，"圆通"一名很可能出自道宣的杜撰。而所谓"少出家，泛爱通博，以温敏见称"，也不过是一些常见的俗套，大可不必深究。这种添枝加叶的趋势在此篇中已可见其必要。此文主人公本亡名，但作者在叙事时深感不便，竟单以"名"字作为其表号，颇令人误会其人以"名"为名——既如此，为其安一名号便是历史发展的逻辑必然。而"圆通"正是一个理想的选择，其含义无所不可，看是有名又似无名，与所谓子虚乌有者同出一辙。

从两篇文章的叙事过程，不难看出其间存在着显著差异。《圆通传》的叙事从容不迫，细部刻画相当饱满，而此文的叙事稍显粗糙，给人以仓皇局促之感。例如，《圆通传》对于圆通与客僧同房以及圆通往访竹林寺的因由交待得十分清楚，而这一切在此文中见尾不见首，颇有主题先行之嫌。特别是在竹林寺的所见所闻，《圆通传》通过较细致的描写具体地展现了其与尘世迥异的美妙庄严，令人觉得主人公的留恋之情由来有自，然而此文中主人公只是概念化地"屡言永住"而不明其所以，这显然是作者对材料加工程度不同所致。

经比勘后可以发现，《法苑珠林》中的竹林寺资料其实也出自《续高僧传》作者道宣的手笔。其出处在《集神州三宝感通录》卷下，彼此仅有三字之异。由两书撰成的年月先后，不难考见其继承关系。《集神州三宝感通录》末，作者自识曰：

> 予以麟德元年（664）夏六月二十日，于终南山北鄠阴之清宫精舍集之。素有风气之疾，兼以从心之年，恐奄忽泫露灵感沉没，遂力疾出之。直笔而疏，颇存大略而已，庶后有胜事，复寄导于吾贤乎！其余不尽者，统在西明寺道律师新撰《法苑珠林》百卷内具显之矣。

观此，似《法苑珠林》成书在前。然《法苑珠林》序已明载："於大唐总章元年（668），岁在执徐，律惟沽洗，二月二十日，纂集斯毕。"故道宣的这段识语适足以证明其题记的年代，而不能表示其全书撰成在《法苑珠林》之后。

倒是上引释圆通与释亡名两篇故事的写作先后目前尚难以判明。上文已分析释亡名的资料显得较为原始，可是《续高僧传》成书在《集神州三宝感通录》之前。

《续高僧传》的成书,据自序在贞观十九年(645)。然而这一点也不能成为压倒一切的依据。《续高僧传》的纪事,实止于麟德二年(665),是其成书之后又续有修补。况且,成书在后者其内容未必写作较迟。

可以肯定的是,《法苑珠林》卷十九的竹林寺资料其故事形态介于《圆通传》与释亡名的故事之间:

> 齐邺下大庄严寺沙门圆通者,感一神僧夏中听讲,夏罢自恣,就辞云,在竹林寺,邀通过之。通具问道经,来年寻至,在彼山东,邺之西北。神僧迎接,具见门开,房宇华敞,林木森大。经宿周流,意言道合,便有终焉之思。神僧为谘大和上,乃不许之。及还旧路三里之外,反望莫睹,后之往者不知其处。

这段文字中主人公的名字已为圆通,其往寻竹林寺也是在"来年"而不是如释亡名在当年九月,但归途中"反望莫睹"时所历里程与释亡名同为三里而不是如《圆通传》所云"更行数里许",无疑是综合两文所得的结果。

进行这一综合工作的究竟为道宣抑或《法苑珠林》作者道世已不重要,在此值得一提的是,道宣对于鼓山竹林寺的传说一直念兹在兹。就在其去世前半年(667)完成的《律相感通传》中,仍以答问的形式给出了一段鼓山竹林寺的来历:

> 又问:鼓山竹林寺名何代所出?答云:是迦叶佛时造,周穆王于中更重造寺。穆王佛殿并及塑像,至今见存。山神从佛请五百罗汉住此寺,即今见有二千圣像。遶寺左侧,见有五万五通神仙供养此寺。

这段文字被道世几乎原封不动地写入《法苑珠林》卷三十八《敬塔篇·感应缘》中,成为竹林寺传说的重要组成部分。

秦岭竹林寺

《法苑珠林》卷三十九《伽蓝篇·感应缘》中还记载着另一处竹林寺的故事,显然便是上引《僧照传》所云"今终南诸山亦有斯事":

> 子午关南大秦岭竹林寺者,贞观初采蜜人山行,闻钟声寻而至焉。寺舍二间,有人住处,傍大竹林,可有二顷。其人断二节竹以盛汁蜜,可得五斗许。两人负下,寻路而至大秦戍,具告防人,以林至此可十五里。戍主利其大竹,将往伐取,遣人依言往觅。过小竹各(按当为谷)达于崖下,有铁锁长三

丈许。防人曳锁，掣之大牢；将上，有二大虎据崖头，向下大呼，其人怖急返走。又将十人重寻，值大洪雨便返。蓝田悟真寺僧归真，少小山栖，闻之便往，至小竹谷，北上望崖，失道而归，常以为言。真云：此竹林至关，可五十许里。

这一故事的更早出处仍为道宣的《集神州三宝感通录》卷下，与此稍有字句之异，而以此义长。其情节与《桃花源记》确有相似之处，尤其头尾。《桃花源记》的开头是捕鱼人"缘溪行，忘路之远近"，而此文是采蜜人山行、闻钟声寻而至，其环境虽有水涯、山间之异，而作者思路则如出一辙。《桃花源记》的结尾是太守遣人随其再往、不复得路，而此文是戍士遣人依言往觅，遇险而还，尽管不能复往的情形稍有差异，但均引入官员在场以示正式。又，在这之后，前者有高尚士南阳刘子骥欣然规往，未果、寻病终，而此文则有少小山栖之蓝田悟真寺僧归真闻往、失道归；这一余波作为对正文结局效果的加强，其人物身份以及经历令人惊叹二者何其相似乃尔。

当然两者的不同之处也极明显。此文的中部未作展开，因而该处竹林寺中的情形不甚清楚。与之适成对比的是《续高僧传》中《圆通传》之后的《齐太原沙门释慧宝传》：

> 释慧宝，氏族未详。诵经二百余卷，德优先达，时共知名。以齐武平三年（572），从并向邺，行达艾陵川失道，寻径入山，暮宿岩下。室似人居，迥无所见，宝端坐室前，上观松树，见有横枝悬磬，去地丈余。夜至二更，有人身服草衣，自外而至，口云："此中何为有俗气？"宝即具陈设敬，与共言议。问宝："即今何姓统国？"答曰："姓高氏，号齐国。"宝问曰："尊师山居早晚？"曰："后汉时来。长老得何经业？"宝恃已诵博，颇以自矜。山僧曰："修道者未应如此。欲闻何经？为诵之。"宝曰："乐闻《花严》。"僧即少时诵之便度，声韵谐畅，非世所闻。更令诵余，率皆如此。宝惊叹曰："何因大部

经文倏然便度?"报曰:"汝是有作心,我是无作心。夫忘怀于万物者,彼我自得矣。"宝知为神异也,求哀乞住。山僧曰:"国中利养如汝,何能自安?且汝情累未遣,住亦无补。"至晓便舍去。宝遂返寻行迹,达邺叙之。

这篇故事的情节也很简单。它显然与上引《僧照传》是近亲,因而与桃花源的故事乍看相去有点远。但通过本文以上的论述,不难理出它从桃花源故事演变过来的清晰的脉络。

也许是追求一种新的变化,这一故事对于主人公进入和离开异境的过程几乎未作交待,简直像一场梦,来去都很突然。主人公在异境中的经历非常仓促,根本来不及作细致的观察,更无法体验其生活。情节一共只有三个部分:一,询问今世何世;二,表演诵经;三,求哀乞住。其中,前两个情节与《僧照传》相似,后者则与《圆通传》雷同。诵经的内容因与佛教有关,自与桃花源故事无涉。"求哀乞住"的情节虽然在桃花源故事中未曾出现，但颇有演变轨迹可寻。在《僧照传》中，主人公与那位武陵渔人一样，是主动要求回来的；回来之后意欲再往便无处寻踪，于是在《圆通传》中，主人公提出愿意留住，但遭到婉拒。到这里主人公再进一步，"求哀乞住"，得到的便只能是拒绝。这一结果不仅与整体的情节安排有关，而且与三处异境的气氛相协调。僧照在异境中享用的仍是人间烟火，他告辞回来是完全可以理解的；圆通在竹林寺生活如常，对方婉拒他的借口也就合乎世情，甚至虚承"除官名讫，来必相容"；而慧宝到过的异境已不再有"俗气"，因而不接受他的理由便是干干脆脆的"住亦无补"，这都是顺理成章的。

至于询问今世何世，无疑是对桃花源故事的最显著的因袭。两者虽然在语言的层面上已有了一些差异——桃源居民先世是避秦，而这里是从后汉时开始"山居"，但所居环境都与世间彼此隔绝、居民都不知今世何世则完全一致。由此不难看出，尽管这一故事在很多细节上作了变化，但其时空构思仍与桃花源故事一脉相承。

小结与感想

现在需要论证的是：上述"桃花源"型的系列故事究竟是起源于中华本土，还是通过佛经从天竺传来的？

1936年陈寅恪先生在《〈桃花源记〉旁证》中提出：《桃花源记》有寓意的部分和纪实的部分，其"纪实之部分乃依据义熙十三年春夏间刘裕率师入关时戴延之等所闻见之材料而作成"，而"寓意之部分乃牵连混合刘驎之入衡山采药故事，并点缀以'不知有汉，无论魏晋'等语所作成"。1959年唐长孺先生发表《读〈桃花源记旁证〉质疑》，对陈先生的立论多所驳难，认为："桃花源的故事本是南方的一种传说，这种传说晋、宋之间流行于荆湘。"并引刘敬叔《异苑》所载元嘉初武陵蛮人射鹿逐入石穴的故事以为旁证。两位先生都没有提及这一故事类型与佛教文学是否有联系。陈先生还在《陶渊明之思想与清谈之关系》一文中分析：陶渊明"平生保持陶氏世传之天师道信仰，虽服膺儒术，而不归命释迦"，因而"无须乞灵于西土远来之学说"。如果确实如此，《桃花源记》自然没有吸收佛教故事的可能。

看来还是应该相信，桃花源型的故事并不是从西天传来的。就是说，上述一系列桃花源型的佛教故事其实都是中国佛教徒的创作。其证有三：

其一，在佛经故事结集如《经律异相》《法苑珠林》中，尚未发现西土有类似的故事。前辈时贤就佛教文学进行的整理与研究，对这一类的故事亦未言及。在此可特别注意的是，陈寅恪先生是一个对内典相当精熟的人，如果桃花源型故事存在一种西土渊源，或许他的《〈桃花源记〉旁证》会写成另外一个模样？

其二，在上述一系列桃花源型故事中，与西天关系最明显的莫过于竹林寺的故事。天竺最早的僧园之一即为竹林精舍，它位于王舍城旁，又名迦兰陀竹园，是迦兰陀（一说瓶沙王）施与佛及四方僧众居住的。《百缘经》中保留了佛在该处生活时的不少说法及行事记录。然而印度的竹林精舍仅止于此，其本身并无任何神异之处。中国僧人在创作佛教故事时多处借用竹林寺之名，不过是因为有此故实而已。

其三，上引资料表明，上述各故事尤其竹林寺的故事似乎在北朝至隋唐之间颇为流行，然而迄今所能找到的其最早出处都出自道宣一人笔下。道宣之后，宋初赞宁对竹林寺的传说也颇为留意，在《宋高僧传》中记录了三篇竹林寺的故事，可是其结构形态均与桃花源型故事迥异。试举一例以明之，《宋高僧传》卷二十二《晋襄州亡名传》谓：

> 释亡名，不知何许人也。观方问道，不惮艰辛。胜境名山，必约巡访矣。天福（947）中，至襄州禅院挂锡，与一僧循良守法，同九旬禁足。其人庠序言多诡激，称名曰法本，朝昏共处，心雅相于，若

久要之法属焉。法本云:"出家习学,即在邺都西山竹林寺,寺前有石柱,他日有暇,必请相访。"其僧追念前约,因往寻问。洎至山下村中,投一兰若止宿,问彼僧曰:"此去竹林寺近远?"僧乃遥指孤峰之侧曰:"彼处是也。古老相传,昔圣贤所居之地,今但有名存耳,故无精庐净舍立佛安僧之所也。"僧疑之,诘旦而往,既睹竹丛,丛中果有石柱,茫然不知其涯涘。僧忆法本临别之言,但扣其柱,即见其人。遂以小杖击柱数声,乃觉风云四起,咫尺莫窥,俄尔豁开,楼台对耸,身在三门之下。逡巡,法本自内而出,见之甚喜。问南中之旧事,说襄邓之土风,乃引度重门,升秘殿,领参尊宿,若纲任焉。顾问再三,法本曰:"早年襄阳同时禁足,曾期相访,故及山门也。"尊宿曰:"善。可饭后请出,在此无座。"言无凡僧之位次也。食毕,法本送至三门相别。既而天地昏暗,不知所向。顷之,宛在竹丛石柱之侧,余并莫睹。其僧出述其事,罔知伊僧其终焉。

这篇传记从很多方面都似曾相识——传主亡名，一异僧与传主同禁足然后约请相访，传主因践约相访而入异境，甚至该异境亦名竹林寺，甚至该竹林寺亦在"邺都西山"。这种种相似之处都显示其与上述鼓山竹林寺的故事具有某种天然的联系。作者在传末的评论亦不讳言此点：

> 此传新述于数人，振古已闻于几处。且如北齐武平中，释圆通曾瞻讲下僧病，其僧夏满病差，约来邺中鼓山竹林寺，事迹略同。此盖前后到圣寺也。

但在此不可忽视的一点是，从中已无论如何看不出桃花源型故事的因素。

如果在西来的佛教故事中存在这样一种故事原型，有理由相信它足以成为这一类故事共同的祖本。现在完全相似的故事题材在道宣和赞宁的笔下呈现出判然有别的故事形态，只能认为其间的差别可以归结为作者不同所致。易言之，以上桃花源型佛教故事之所以成其为桃花源型，应该是作者道宣的杰作。

还有一个相关问题：道宣在创作桃花源型故事的时候，为何要借用竹林寺之名？——虽说竹林寺作为早期佛教故实，在信士中具有较大的号召力，但与之相互辉映的至少还有祇园精舍，他为何单单选择"竹林"？

这一问题背后的原因非常复杂，在这里不可能述说清楚，还需进一步展开讨论。现在暂且表达由以上讨论所引发的两点感想：其一，以往学者在对待僧传资料时，一般都是不加怀疑地将其当成信史资料。我们经常可以看到一些历史学者统计某《高僧传》中列传多少人、附传多少人，而不计较其中究竟有几许真实人物。上面的分析可以提供一个警示：在僧传中还掺杂着一定数量的传说故事，那些传主其实不过是乌有先生。

还有更意味深长的一点：以往学术界在讨论佛教故事时，一般只着眼于印度故事对于中华本土的影响，而本文的讨论将有助于证明，中国对于佛教的接受是能动的，有创造性的。从这个意义上我们不妨说，中国佛教毕竟是中国的。

柒 人人避暑走如狂

佛寺作为古代城市公共空间

中国古代的城市布局，对于城池位置、规格以及军事、行政、国家宗教设施的用地一向非常讲究。但对于其他用地，特别是涉及普通民众日常生活的场所，即便在城市规模、规划都登峰造极的都城，也找不到位置。每当看到古代的城市地图，无论是现代学者的复原，或是古代典籍中的规划图，笔者心中总未免冒出这样一个问题：古代城市中民众的社会生活，到底是在哪些空间里进行的呢？

最适合作为例证的是唐代的长安城。唐代是中国历史上辉煌灿烂的一个朝代。长安作为唐代都城，堪称中国历史上城市布局的典型。

事实上，由于寺院在当时社会生活中的影响力，它在唐长安城中完全充当了公共活动空间的角色。当然这里面存在多方面的差异，首先是佛寺在长安城中的分布并不均衡，其次，不同社会阶层的社会活动也存在差异。将这些社会活动与具体的空间联系起来，考察它们的分异状况，显然是一件饶有兴趣的事。

在此主要以文人士子的公共活动为中心加以考察。之所以如此，当然是因为史料中这一阶层的记载较为详细，也能由此折射出当时佛教与社会文化的关联。

长安城佛寺分布的空间特征

唐长安城的佛寺散布于城市的各个角落，总体上呈现出东疏西密的不均衡状态。据研究，朱雀街以东，有佛寺的里坊29个，共有佛寺46所。以西有佛寺的里坊31个，共有佛寺74所。这一分布特征与长安的自然环境以及政治、经济状况密切相关。

从地势上看，唐长安城所在的西安小平原，原野舒展但起伏有致，由南至北排列着6条高冈，其坡头多在东城区，故造成了东城高西城低。地势低洼处不利于排水，故而，汉朝将未央宫等主要宫殿修筑在全城的至高点龙首原上。隋唐长安城虽位于龙首原南，但其主要的宫殿群西内太极宫和洞内大明宫也是建于龙首原上。当初宇文恺设计长安城时，便是以这六道高冈为基础，将重要建筑物设置在高处；低洼之处，要么是百姓住宅，以利于官府居高临下的管理，要么渚水成湖，装点园林和寺观等。

长安城中寺院的重要来源之一是达官贵人舍宅为寺。这一现象，自然影响到城中寺院的分布特点。前人认为街西舍宅为寺现象较多，意味着街西不如街东适合居住，这自然有一定道理。但是舍宅与僧，本是虔心礼佛的行为，信徒不至于拣选自己不喜欢的地方来讨罪过，所以辛德勇认为，佛寺的位置所在其实与权贵们的住宅一样，都体现出当时大多数人在选择居住空间时所持的基本好恶倾向。唐初长安城中寺院分布与官员住宅完全一致，也是西部要远比东部密集。高宗以后，政治中心从太极宫转移到长安城东北隅龙首原上的大明宫，后又移到兴庆宫。这必然影响到朝臣对于住址的选择。城东逐渐形成密集的官僚住宅区，西部宅邸则往往舍为寺观。

赏花与游乐活动的空间

唐代长安的文化盛事是赏牡丹花。牡丹在长安城中的栽种极为普遍,中唐以后极盛。其栽种遍及皇宫、衙署、私家庭院,但对公众开放的只有寺院。寺院不仅空间宽敞,又有寺僧们的精心栽培,从而成为人们观赏牡丹的上好去处。从唐人留下的赏花诗作中可以发现,诗人们赏花的足迹遍布整个长安。《全唐诗》中提及牡丹的诗歌两百多首。其中提及的寺院有8所(表1)。

表1 赏花活动在寺院中的分布

寺名	位置	资料
永寿寺	永乐坊	《全唐诗》卷四百，元稹《与杨十二、李三早入永寿寺看牡丹》
西明寺	延康坊西南隅	《全唐诗》卷四百一十一，元稹《西明寺牡丹》；卷四百三十二，白居易《西明寺牡丹花时忆元九》；卷四百三十七，白居易《重题西明寺牡丹》
崇敬寺	靖安坊西南隅	《全唐诗》卷四百三十六，白居易《代书诗一百韵寄微之》："高上慈恩塔，幽寻皇子陂。唐昌玉蕊会，崇敬牡丹期。"《霍小玉传》："（李）生与同辈五六人诣崇敬寺玩牡丹花，步于西廊，递吟诗句。"
万寿寺	长寿坊南门之东	《太平广记》卷二百五十七，《张浚伶人》："唐宰相张浚，常与朝士于万寿寺阅牡丹而饮。"《全唐诗》卷七百零三，翁承赞《万寿寺牡丹》
慈恩寺	晋昌坊	《全唐诗》卷一百二十四，裴士淹《白牡丹》："长安年少惜春残，争认慈恩紫牡丹。"《全唐诗》卷三百二十七，权德舆《和李中丞慈恩寺清上人院牡丹花歌》；《全唐诗》卷六百七十五，郑谷《题慈恩寺默公院》："春来老病厌迎送，剪却牡丹栽野松。"

续表

寺名	位置	资料
荐福寺	开化坊	《全唐诗》卷七百三十一,胡宿《忆荐福寺牡丹》;《全唐诗》卷七百零九,徐夤《忆荐福寺南院》:"鹧鸪声中双阙雨,牡丹花际六街尘。"
兴唐寺	大宁坊东南隅	《酉阳杂俎》前集卷十九:"兴唐寺有牡丹一窠,元和中着花一千二百朵。"
兴善寺	靖善坊	《太平广记》卷四百零九,《合欢牡丹》:"兴善寺素师院,牡丹色绝佳。元和末,一枝花合欢。"

赏花只是士子们交游的项目之一。平日生活中的寺院也是热闹异常。《太平广记》中有多则故事,提到士子们对于寺院的喜爱。如卷九十八《素和尚》条:"长安兴善寺素和尚院庭有青桐数株,皆素之手植。唐元和中,卿相多游此院。"卷一百《僧齐之》条:"胜业寺僧齐之好交游贵人,颇晓医术,而行多杂。"卷二百五十七《张浚伶人》条:"唐宰相张浚,常与朝士于万寿寺阅牡丹而饮。俄有雨降,抵暮不息,群公饮酣未阑。"卷二百八十

二《元稹》条："元相稹为御史，鞫狱梓潼。时白乐天在院，与名辈游慈恩寺，小酌花下"等。白居易在《梦亡友刘太白同游彰敬寺》诗中也感慨："昨夜梦中彰敬寺，死生魂魄暂同游。"

热爱题诗的唐人在寺院中留下无数名诗佳作。《唐才子传》卷四《章八元》条载："长安慈恩寺浮图，前后名流诗版甚多。"在盛行写诗的唐代，交游题诗是一种普遍行为，这些题诗构成了寺院人文气息和文化内涵。长安城中的寺院大多虽然地处繁华都市，但有些也偏居一隅，是闹中清静之地，景色优美，所以文人在寺院中题诗的资源非常丰富，可就地取材。如王维作有《荐福寺光师房花药诗》（《全唐文》卷三百二十五）；《太平广记》卷一百八十二载：苗台符、张读"二人常列题于西明寺东廊"。

诗歌中还常有文人群游寺院而集体创作的作品，如高适《同群公题山中寺》（《高常侍集》卷七）、钱起《同王鍈起居程浩郎中韩翊舍人题安国寺用上人院》（《全唐诗》卷二百三十九）、王维《青龙寺昙壁上人兄院集》（《全唐诗》卷一百二十七）等。段成式、郑符、张希复、升上人《大同坊云华寺偶联句》(《全唐诗》卷七百九十二)、皮日休等《报恩寺联句》(《全唐诗》卷七百九十三)等。而那些建筑宏伟或是地理位置优越、风景秀美的寺院,如青龙寺、慈恩寺、庄严寺、章敬寺等,更是频频出现在诗文中。宋之问《登禅定寺阁(一作登总持寺阁)》(《全唐诗》卷五十二)、宋之问《晚秋游普耀寺》(《全唐诗》卷五十二)、徐夤《忆荐福寺南院》(《全唐诗》卷七百零九)、储光羲《同诸公登慈恩寺塔》(《全唐诗》卷一百三十八)等。

段成式、张希复、郑符等曾相约游赏京中寺院,留下了不少联句诗歌(《全唐诗》卷七百九十二)。段成式明确说明,因为觉得两京杂记和游记多有疑略,于是相约游访,以街东兴善寺为首。他们游历的寺院包括大兴善寺、长乐坊安国寺、常乐坊赵景公寺、大同坊云华寺、道政坊宝应寺、平康坊菩提寺、光宅坊光宅寺、翊善坊保寿寺、宣阳坊净域寺、崇义坊招福寺、昭国坊崇济寺、永乐坊永寿寺、崇仁坊资圣寺。

上文提及的这些卿相们热衷交游的寺院,有三所与赏花寺院相重合。余下的寺院，几乎是与帝王的活动有关的寺院。综观这些寺院及其分布，多在朱雀街东的东城区，这与唐长安城的士庶住宅分布有一定关系。正如上文所提到的，长安城的居民分布为东密西疏，大量的官宅都分布在长安城东部诸坊，靠近宫城皇城的地方，以便于朝谒和办公。尤其城东北区靠近三内和皇城，官僚宅第密集，号称十六王宅的入苑坊及胜业坊集中了大量官宅。

避暑空间

多数历史地理论著都将唐代的气候定为温暖期。在有关唐长安的史料中,常见"酷暑""大燠""恶热""暑毒"等字眼,说明当地的夏季炎热难熬。唐初,太宗、高宗、武则天就多次抱怨盛夏时节京师的炎热,并为是否应该出外避暑与大臣产生争执。唐后期还数度出现夏季燠热的记载。《旧唐书·德宗纪》称贞元十四年(798)"是夏热甚",《新唐书·五行志一》载唐宪宗元和十四年(814)六月"大燠"。据此推断,唐代长安盛夏高温应是常见之事。故而避暑成为人们夏季生活不可或缺的一部分。白居易《苦热题恒寂师禅室》诗云:"人人避暑走如狂"(《全唐诗》卷四百三十八),可谓当时的生活写照。

在古代,并无其他避暑手段,只能借助于自然条件,或地势高旷之处,或深山丛林之中。而长安所处的地形特征,也决定了时人避暑的去向。

长安位于关中平原中部,南至终南山子午谷,北据渭水,东临浐川,西次沣水。山川秀美而又远离城区的清静之地,自然是避暑的首选。长安近郊,庄园罗列,其性质大致可分为五类:供游赏宴饮的山池园亭;供个人悠游逸居的别墅别业;作为家族的产业而置备的庄或别业;寺院的庄田;坟墓的下葬和洒扫田。但一般的文人士子和平民百姓,如何在长安城度过炎炎酷暑?在唐诗中,我们发现有众多寺院和僧房避暑、纳凉的诗作。如刘得仁在慈恩寺避暑时,即使"闲上凌虚塔",却仍"相逢避暑人",而且人数颇不少:"却愁归去路,马迹并车轮"(《全唐诗》卷五百四十四,《慈恩寺塔下避暑》)。看来酷暑时节,每个人都想找到清幽之地暂避暑气,而寺院则成了最佳去处。

长安城寺院众多,并非每一所都能成为避暑胜地。从诗文和历史资料来看,各寺所居地理位置和寺院高塔及树木等条件,是寺院能否成为避暑胜地的决定条件。能找到的避暑诗虽然数量不少,涉及的具体寺院却并不多,主要为东街的慈恩寺、青龙寺、普济寺,西街的开元寺和庄严寺以及南郊终南山的翠微寺(表2)。

表2 避暑活动在寺院中的分布

寺名	资料出处	位置
慈恩寺	《全唐诗》卷二百八十五,李端《同苗发慈恩寺避暑》;卷二百七十九,卢纶《同崔峒补阙慈恩寺避暑》;卷五百一十九,李远《慈恩寺避暑》;卷五百四十四,刘得仁《夏日游慈恩寺》:"何处消长日,慈恩精舍频"	晋昌坊
青龙寺	《全唐诗》卷四百三十八,白居易《渭村退居,寄礼部崔侍郎、翰林钱舍人诗一百韵》:"白鹿原东脚,青龙寺北廊。望春花景暖,避暑竹风凉。"卷一百二十九,裴迪《夏日过青龙寺谒操禅师》;《大唐传载》:"李西台文献公,避暑于青龙寺"	新昌坊

续 表

寺名	资料出处	位置
庄严寺	《全唐诗》卷七百二十二,李洞《避暑庄严禅院》	和平、永阳坊
开元寺	《全唐诗》卷七百九十三,皮日休《独在开元寺避暑,颇怀鲁望,因飞笔联句》	怀远坊东南隅
普济寺	《全唐诗》卷五百四十五,刘得仁《宿普济寺》:"京寺数何穷,清幽此不同。曲江临阁北,御苑自墙东。广陌车音急,危楼夕景通。乱峰沉暝野,毒暑过秋空。"	曲江之南
翠微寺	《全唐诗》卷三百五十四,刘禹锡《翠微寺有感》:"吾王昔游幸,离宫云际开。朱旗迎夏早,凉轩避暑来。"	终南山

表2中,慈恩寺提及频率最高。该寺占据晋昌坊半以东,建立之初便是选择"林泉形胜之所",形势"南临黄渠,水竹森邃,为京都之最"。其寺塔更是留下了无数历史记载。《寺塔记》记载,在寺西院有"浮屠六级,崇三百尺"。杜甫《同诸公登慈恩寺塔诗》描述了登塔所见

的恢弘景象:"高标跨苍天,烈风无时休。……俯视但一气,焉能辨皇州。"(《全唐诗》卷二百一十六)章八元《题慈恩寺塔》则更详细地表述了塔的建筑形制与高度:"十层突兀在虚空,四十门开面面风。却怪鸟飞平地上,自惊人语半天中。回梯暗踏如穿洞,绝顶初攀似出笼。"(《全唐诗》卷二百八十一)储光羲的《同诸公登慈恩寺塔》也有相似的记载,"金祠起真宇,直上青云垂。"(《全唐诗》卷一百三十八)这样的描写,似乎有夸张之嫌。但实际上,这与慈恩寺的建筑地点有关。这里靠近乐游原,在长安城中基地最高,建造于其上的寺塔,便更显高大,视野开阔,足以俯瞰全城,实在是避暑的绝佳去处。慈恩寺规模宏大,建筑总一千八百九十七间,无疑有一部分可以空出来供游客止宿。

青龙寺也是唐人咏诗颇多的寺院。从位置上看,该寺位于新昌坊,为京城最东而临近城墙,且处于地势高峻、风景幽雅的乐游原上。这一点正是青龙寺作为避暑胜地的重要原因。乐游原是因河流侵蚀而残留在渭河三级阶地上的梁状高地,是唐长安城的最高点,地势高平轩敞，为登高览胜的最佳景地。从面积来看，青龙寺占新昌坊的四分之一，面积13.3公顷，已发现西部塔院基址，院宽98米，长近140米，周以回廊，南北各开门。院中前部为塔基，方15米。后部相隔45米为大殿基，面阔十三间，深五间，宽52米、深20.5米，其规模竟和唐大明宫含元殿相近。《全唐诗》众多与青龙寺有关的诗作都提及其地势高敞和风光秀美。如朱廉余《题青龙寺诗》称："寺好因岗势，登临值夕阳。青山当佛阁，红叶满僧廊。……最怜东面静，为近楚城墙。"(《全唐诗》卷十九) 刘得仁《青龙寺僧院诗》云："此地湛终日，开门见数峰。"(《全唐诗》卷二十) 白居易《青龙寺早夏诗》亦谓："尘埃经小雨，地势倚长坡。……闲有老僧立，静无凡客过。"(《全唐诗》卷四百三十二)

此外，青龙寺僧人不仅盛行修法，同时也重著述、善诗文。这些学识渊博、修为深厚的僧人与当时文人学士交往密切。王维《夏日过青龙寺谒操禅师》(《全唐诗》卷一百二十六)、《青龙寺昙壁上人兄院集》(《全唐诗》卷一百二十七)，王缙《同王昌龄、裴迪游青龙寺昙壁上人兄院集和兄维》(《全唐诗》卷一百二十九),裴迪《青龙寺昙壁上人兄院集》《夏白过青龙寺谒操禅师》(《全唐诗》卷一百二十九)、王昌龄《同王维集青龙寺昙壁上人兄院五韵》(《全唐诗》卷一百四十二)等诗篇,都是僧人与士子交往的明证。

开元寺中也有百尺宝阁,时人谓之"七宝台"。寺内有浮屠,东西相值。东浮屠之北佛塔,名三绝塔,隋文帝所立。杜荀鹤《题开元寺门阁》写道:"一登高阁眺清秋,满目风光尽胜游。"(《全唐诗》卷六百九十二)

相比以上四寺,普济寺和大庄严寺都位于郊区,地处偏远,但也因此而拥有独特的优势,其自然环境更为天然。位于曲江南岸的普济寺有山有水,而占地广大的庄严寺更成为人们远离尘世喧嚣的好去处。

宴饮与送行空间

寺院作为宗教场所，文人士子前来听高僧大德讲经说法可称常事，但在史料中常可以发现描写寺院中饮酒设宴的事例。《太平广记》卷二百五十七《张浚伶人》条称："唐宰相张浚，常与朝士于万寿寺阅牡丹而饮。"卷三百六十二《姜皎》条载："姜皎常游禅定寺，院兆办局甚盛。及饮酒，座上一妓绝色。"卷二百八十二《元稹》条谓："元相稹为御史，鞫狱梓潼。时白乐天在院，与名辈游慈恩寺，小酌花下。"而小说《任氏传》中的韦崟说到"昨者寒食，于二三子游于千福寺，见刁将军缅张乐于殿庭，有善吹笙者，年二八"。凡此种种，似乎与佛寺之端庄威严颇为相悖。

据《辇下岁时记》载:"进士樱桃宴在崇圣寺佛牙阁上。"崇圣寺在崇德坊西南隅,本为尼寺,还曾为太宗别庙。进士樱桃宴选择在此,必有其缘由。刘禹锡《秋日题窦员外崇德里新居诗》咏之甚明:"长安街西风景闲,到君居处暂开颜。清光门外一渠水,秋色墙头数点山。"(《全唐诗》卷三百五十九)可见此处风景绝佳。《唐两京城坊考》有谓,右朱雀门街西第二街九坊"每有池亭,盖清明渠水所经也"。可见,当时选择宴饮地点,风景颇具决定意义,空间距离远近反而是次要的。永达坊的度支亭子之成为宴饮之地也可谓明证。《辇下岁时记》载:"新进士牡丹宴,或在永达亭子。"《玉泉子》载:"崔郢为京兆尹囗,三司使在永达亭了宴丞郎。盖为度支游憩之所,故三司使于此宴客也。"永达坊为朱雀街西第一街由北向南第六坊,已靠近城郊荒野之处,然这里仍有专门宴飨宾客的亭子,可见当时人为了找一个风景优美的宴饮地点,对于其位置偏僻与否并不在乎。

宴饮往往是送别的前奏。因而在宴饮之外,寺院又往往成为当时人道别的场所。唐诗中颇多在寺院送行之作。在传统社会中，远行并非常事也非易事，尤其离开京城，往往带有令人伤感的气息。长安著名的送别地点有灞桥、渭河、延兴门等地。位于长安东南30里处原有一条灞水，汉文帝葬于此，遂称灞陵。唐人出长安东门相送亲友，常在这里分手。因此，灞上、灞陵、灞水等，在唐诗里往往和离别联系在一起。向西送行则常至渭城，也就是秦代的咸阳，在那里折柳赠别。也有送客至城门一带的。长安东城南头城门名延兴，诗人喜欢以汉指唐，汉长安东城南头第一门名灞城，其色青，俗名青门，又名青绮门，唐诗中便常写到于"青门"或"青绮门"送别之事。

寺院开放性与公共性使它们成了作别前交际的极好场所。上文已提及唐人长安寺院中饮茶、宴饮的风尚，寺院中既可以漫步话别，又可以宴饮题诗，在此中送别，绝胜于在繁华闹市"执手相看泪眼"。因此，《全唐诗》中有关寺院送别的诗篇颇不鲜见（表3）。

表3　宴饮、送别活动在寺院中的分布

寺院	资料出处	位置
荐福寺	《全唐诗》卷二百八十六，李端《荐福寺送元伟》；《文苑英华》卷七百二十二，任华《荐福寺后院送辛屿尉洛郊序》	开化坊半以南
永寿寺	《全唐诗》卷四百二十五，白居易《和答诗十首并序》："自永寿寺南抵新昌里北得马上话别"；卷四百三十二，《初与元九别后忽梦见之及寤而书适至兼寄桐花诗怅然感怀因以此寄》："永寿寺中语，新昌坊北分。"	永乐坊
资圣寺	《全唐诗》卷一百二十五，王维《资圣寺送甘二》	崇仁坊东南隅
崇圣寺	《全唐诗》卷五百三十八，许浑《送客南归（一作寓居崇圣寺送客南浦）》	太平坊西南隅
慈恩寺	《全唐诗》卷五百八十八，李频《秋宿慈恩寺遂上人院（一作送宋震先辈赴青州）》	晋昌坊半以东

将这些寺院在地图上进行定位便不难发现，除慈恩寺外，其余都相对靠近皇城。与避暑的寺院分布相比，

这些寺院都在长安北部。据《唐两京城坊考》记载，这里分布着大量官宅，居住人群密集。并且务本坊、长兴坊、永兴坊条下都记载有旅馆的分布。因此可以说，这里当属当时长安城的中心地带。不仅如此，长安城中的这一地区还享有便利的交通条件。如资圣寺所在的崇仁坊，"北街当皇城之景风门，与尚书省旋院最相近，又与东市相连，选人京师无弟宅者多停憩此。因是一街辐辏，遂倾两市，昼夜喧呼，灯火不绝，京中诸坊莫之与比"。

另外，当时长安城有一处具有重大意义的送别寺院为章敬寺。章敬寺位于通化门外，从区划上来看属于郊区，但实际上离皇城宫城仅三坊之隔，并不很远。该寺从建造之初便有着极为显赫的身份，是为大历元年内侍鱼朝恩为章敬太后所立，故以章敬为名。寺院拥有四千一百三十余间房间和四十八个院落。建立之时，为了准备建筑材料，更可谓大动干戈。《类编长安志》引《代宗实录》谓："是庄连城对郭，林沼台榭，形胜第一。朝恩初以恩赐得之，及是建寺，穷极壮丽，以为城市材木，不足充费，乃奏坏曲江亭馆、华清宫观风楼及百司行廨，并将相没官宅，给其用焉。土木之役，仅逾万亿。"《唐会要》卷四十八亦称："因圻哥舒翰宅及曲江百司馆室及华清宫之观风楼造焉。"该寺本身包含政治意义，其宏大的建筑格局以及特殊的地理位置，使得它在种种政治事件中占有一席之地。因而当时很多送别活动也在章敬寺进行。

在章敬寺的送别，更多是与章敬寺的地理位置相关。章敬寺位在通化门外，而通化门本身便是一个重要的送别场所。《两京道里记》载："裴度、李吉甫、李光颜之出镇，天子皆御此门送之。李义琰致仕归东都，公卿饯于此门外。"《旧唐书》卷一百六十一《李光颜传》甚至称：光颜"赴镇日，宰相百僚以故事送别于章敬寺，穆宗御通化门临送之，赐锦彩、银器、良马、玉带等物"。可见当时于章敬寺送别已成为"故事"。而公主出嫁、归宁也多在此寺举行活动。史载长庆元年（821）"太和公主发赴回纥国，穆宗御通化门左个临送，使百僚章敬寺前立班，仪卫甚盛，士女倾城观焉"（《旧唐书》卷一百九十五《回纥传》）。之后会昌三年（843），"太和公主至京师，改封安定大长公主，诏宰相帅百官迎谒于章敬寺前"(《资治通鉴》卷二百四十七)。这些史料，足以表明章敬寺作为公共活动空间之重要。

留宿空间

寺院虽然是僧众日常活动的场所，但它对普通来访者也开放有留宿的功能。从日本僧人圆仁的《入唐求法巡礼行记校注》卷二可知，当时有些寺院内有"普通院"设置。在留宿寺院的俗人中，有一个群体经常或者较长时间内居住在寺院，这就是文人。

书生宿寺苦读的风尚起于隋代以前而盛于唐世，严耕望先生有《唐人习业山林寺院之风尚》一文作了详细考论（《严耕望史学论文选集》上册，中华书局2006年版）。据严教授所考，士人入居寺院的原因有以下几点：一取其清静安宁，可专心读书以应科举，故愿付膳宿费或替寺院作文书工作以偿；另外清贫士子可获寺院同情而给予免费膳宿的优待；寺院藏经阁中除了庋藏佛经之外，更有儒家经史，可供士人借阅。而寺院之所以允许士子入住，曹仕邦《中国古代佛教寺院的顺俗政策》一文论述了原因：一则佛寺借此而宣扬佛法；二则士子一朝得志，寺院便多了一个佛门护法；再者古代寺院小沙弥皆是先读儒书再读佛典，士子们可以作为沙弥们的老师。谢和耐则从佛理方面给予了解释。他在《中国5—10世纪的寺院经济》一书引用《优婆塞戒经》中的条例，指出建福业包括为行人建造栖身地。长安的寺院便为进京赶考的文人士子提供了居所。贞元十九年，韩愈撰《论今年权停选举状》，估计"都计举者不过五七千人"（《韩昌黎集》卷三十七）。当时录取名额非常稀少，落第之人只好滞留京师继续苦读，等待重考。

苦读应考的史料在前人论著中征引已详，兹不赘。事实上，文人士子留宿寺院原因很多样。如《太平广记》卷二百零八"郑广文"条曰："郑虔任广文博士，学书而病无纸，知慈恩寺有柿叶数间屋，遂借僧房居止。日取红叶学书，岁久殆遍。"再如："姚崇无居第，寓居罔极寺。"（《资治通鉴》卷二百一十一）至于因游览而临时住宿的现象更是非常普遍。诗人李端有多首僧舍留宿的诗，如《同苗员外宿荐福寺僧舍》（《全唐诗》卷二百八十五）、《宿荐福寺东池有怀故园因寄元校书》（《全唐诗》卷二百八十六）等。甚至有诗人将留宿寺院作为一种象征，表明自己志向高洁。如许棠《长安书情》诗云："僻寺居将遍，权门到绝因。"（《全唐诗》卷六百零四）

文人留宿的踪迹遍布京城各寺，其中较为特殊的是光宅坊的光宅寺。元和三年（808）三月，朝廷颁敕："举人试讫，有逼夜纳策，计不得归者，并于光宅寺止宿。应巡检勾当官吏并随从人等，待举人纳策毕，并赴保寿寺止宿。仍各仰金吾卫使差人监引送至宿所。"（《唐会要》卷七十八"制科举"）光宅坊、保寿寺与考场所在的大明宫仅一墙之隔，政府将其充当旅馆，成为举人和工作人员临时的居住地，可谓因地制宜。

结语

对于住在唐长安城中的人来说，由于公共、娱乐场所缺失，日常生活中几乎无处可去。街道虽然作为一种公共活动的空间而存在，却是建立在非日常的民俗节日与其他节庆活动上的。只有寺院，作为与世俗生活相对却不冲突的一面，它在给百姓提供宗教慰藉的同时，还给予他们日常生活中世俗的快乐和放松。

唐长安城中的寺院并没有规整的分布特征，只能说是相对集中于长安城北部以及东西两市的周围。一些为朝廷所看重的寺院，则更是分布在长安城的各个角落，每个寺院拥有不同的历史背景，承担着一定的政治功能，为时人生活提供了多样的公共活动空间。

上文虽然仅以唐代长安为研究对象,但佛寺在社会生活中所表现出来的种种功能并非唐长安一地的特有现象。由于中国古代城市布局长期缺乏市民生活的公共空间,所以佛寺一直充当着类似的角色。

（捌）

姐儿打扮去烧香

佛寺与明清江南妇女生活

世界各大宗教的信众主体都是妇女。中国历史上的佛教自不例外。虽然中国古代女性生活情形极少见于载籍，对这一问题的揭示极为不便。但在江南，由于自唐以后该地经济文化发展一直稳居全国前列，相关情形颇有一些零星史料。早在明代，寄籍乌程的桐乡青镇人李乐在其所著《见闻杂记》卷五中便有所察觉：

> 天下大势，崇佛之地多而妇人女子尤多。吾乡东南西北百里之内有称佛爷佛祖佛师，巍然上坐，群男妇数百人罗拜其下，声色不动，若辈不知几何人

哉。以一传十,以十传百,不须牌票拘集,二三月间响应可数千人也。

这种情况显然并非江南一地所独有,但其他地区普遍缺乏足以展开讨论的资料。

相对来说,更能展现明清江南妇女生活与佛教关系的资料是明末的世情小说"三言二拍",即《喻世明言》《警世通言》《醒世恒言》《初刻拍案惊奇》《二刻拍案惊奇》。因为这些小说为了塑造人物,其对环境和人物的描写往往具有典型性。现在便利用这些资料,对佛教空间之于明清江南妇女生活的意义稍作展示。需要说明的是,在此所谓"江南"包括太湖流域、宁绍平原及扬州地区。

"三言二拍"的时与空

"三言"由冯梦龙(1574—1646)撰集,分别刊刻于天启元年(1621)前后、天启四年(1624)和天启七年(1627)。"二拍"由凌濛初(1580—1644)分别撰成于天启七年(1627)、崇祯五年(1632)。

关于"三言二拍"内容的来源,文史学界已经有深厚的学术积累。自1930年代以降,经过郑振铎、孙楷第、谭正璧、胡士莹等几代学者的努力,在文本考证层面已基本上形成一致意见。即,"二拍"是凌濛初创作的拟话本集,"完全是作者据野史笔记、文言小说和当时社会传闻创作的";而"三言"的来源比较复杂,"其中一小部分是经过程度不等的修改乃至改编的宋元话本，又收录了一些已有流传的明代话本，还有像《杜十娘怒沉百宝箱》主要是把文言的《负情侬传》改成白话，变动不大；而大多数篇目是根据前代笔记小说、传奇、历史故事以及当时的社会传闻创作的"（章培恒、骆玉明主编：《中国文学史》下册，复旦大学出版社 2005 年版）。

尽管掺杂了一些宋元的资料，但毕竟多数是明代的现实题材。况且，冯梦龙及其他明代话本作者在对待源于宋元话本或先前的民间故事、轶闻等历史题材时，其实都做了不同程度的改写和再创造。一方面，保留了原有的主要情节和故事框架；另一方面，不可避免地已带有编纂者周遭的世情风貌。就是说，"三言二拍"中那些源自宋元话本或者民间故事的篇章，已完全被改写成具有明代社会风貌的作品了。尽管作者还声称是在讲宋元的故事。

试举一例。《喻世明言》卷四《闲云庵阮三偿冤债》改写自《戒指儿记》，《西湖二集》卷二十八头回与《金瓶梅词话》第 34 回也曾引及，《情史》卷三《阮华》亦记此事。《闲云庵阮三偿冤债》的故事以北宋政和二年为背景，以西京为皇都，述及男主人公阮华"点报驸马，因使用不到，退回家来"。就此番表述，已有学者研究指出此必出于明人之手。原因在于：阮华作为商贩子弟公开报选驸马，只有在明代的制度风气下才可能实现，在宋代绝无可能（《许政扬文存》，中华书局1984年版）。这一话本故事的时间、地点虽在北宋，而其所反映的已完全是明代的社会生活逻辑。

与此相应的，还有一个空间的问题。"三言二拍"里的故事大多发生在江南，同时也有个别故事的背景是在外地。就作家而论，明代拟话本小说的创作者主要集中在江浙，尤其苏州、杭州两个中心城市，无论小说作者的籍贯还是刻书坊。文学研究者早已注意到，苏州、杭州已成为明代话本小说创作的两个中心，以冯梦龙为核心形成了一个苏州作家群。这些作家熟悉的主要是江南的社会生活，例如冯梦龙和凌濛初便主要活动于苏州附近。因此，即便"三言二拍"中个别故事标明的空间背景不在江南，对于研究江南其实也完全是适用的。

从江南的开发进程看，江南自唐以后就得到持续的开发，宋代更是一直稳居全国经济文化最发达的所在。明清时期，随着商品经济的发展，江南社会各方面在宋元基础上进一步发展，但基本的人地关系，以及由此而影响到的社会结构、文化风貌变化不大。就本文聚焦的宗教信仰而言，翻阅明清时期的江南方志，特别是其中的"风俗""祠祀""寺观"等部分，会发现由宋元至明清，乃至民国初年，江南地区的信仰环境大体相仿。所以，作为世情文学作品的"三言二拍"，将其故事情节视为明清江南的社会实情看待应该是没有任何问题的。

妇女的奉佛场所

本书所谓佛教空间指作为地理空间的佛教场所。在"三言二拍"共198篇话本中,关于妇女的佛教信仰活动以及妇女直接、间接接触佛教空间的情节十分丰富。将其中与佛门以及女性生活存在交集的相关信息筛选出来,共有49篇。

从场所和活动频度,可以看出女性实现其佛教信仰的活动空间大体可分为两类:其一是公共场所,主要指寺院、尼庵;其二则是私人空间,包括家庵或家庭内部的信仰场所。

寺院、尼庵作为向全社会开放的公共空间,女性前往进香，属于比较正式的信仰行为。但势必受传统礼法以及香汛习俗的影响。因此，妇女出入该类场所的一般周期比较长，频次相对较低。以初一、十五和某些佛教节日较为集中。相对而言，女性在私人设立的家庵，以及自己家里进行吃斋念佛、诵经祈福等活动便自由得多，文本中多未明言当事人在此类场所活动的具体时间或频次。考虑到此类场所本来就是私密或半私密性质，女性出入此类场所自然不必受香汛乃至时令节庆的限制。甚至可以说，此类场所设立的初衷本来就是为了便于妇女朝夕致其虔诚、且避开其他各色人等的，其活动频次自然要大大高于外出进庙烧香，这是不言而喻的事。

从活动内容来看，除诵经祈福、求子、设斋供、办道场等正式信仰行为之外，妇女在外出遇到危难无处投身时，寺院、尼庵往往是其避难投靠的首要选择，而与这些行为相伴相生的，则是在寺院、尼庵的群体活动当中，发生一些男女青年邂逅、约会乃至定情的浪漫事件。而女性与一些尼僧往来，也会扩大其社会交游面，以至有可能发生一些意想不到的故事。

从空间角度审视"三言二拍"所刻画的明清江南妇女生活,可以发现佛教一方面丰富了妇女的生活内容,另一方面为妇女生活范围的扩展提供了一种社会空间。

四类佛教空间

上述两类佛教场所,进一步可细化为四类:

家庭内部

不言而喻,这是绝大多数妇女进行佛教信仰活动最平常、也最频繁使用的空间。

请一尊佛、设一个龛,或挂一张佛像,家庭内部即可以形成一个小型的佛教信仰空间。这是佛教信众表达其信仰的最普遍的形式。妇女平日在家礼拜、念诵、祈福,也就成为最基本的信仰行为。其诉求一般集中体现在"祈福"一事,而"求嗣"则是大多数女性的重中之重。一方面，女性本身肩负着生儿育女的重任，另一方面也出于中国传统对代际血脉传递的重视，所谓"不孝有三，无后为大"。相比之下，一般性的祈福或精神皈依就显得平淡很多。当然，不同对象的"求嗣"诉求也稍有差别。对于婚后经年无子的女性及其长辈来说，"求子嗣"自然成为其信仰活动的主动力。而对于已经育有子嗣，或夫亡守寡的女性来说，其信仰活动的意义更多地体现在一般性的祈福，精神寄托或平日生活的消遣。在"三言二拍"中，明确表示因"求嗣"而求神拜佛的有14处，另有两处则是为求孩子平安而请僧人做法或寄名出家，可以说也与子嗣相关。

以平日在家中祈福的频次为基准，活动频次稍低的信仰行为是延请僧尼到家中诵经。出于与妇女交接的方便，此类活动延请的多为尼姑。明清江南经济发达，文化繁荣，其中都有女性的参与，而且还有妇女结社出游、外出进香的行为，但那样的活动其发生频次毕竟有限，其花费也不是普通家境所能负担的。再者，传统礼教加之于妇女行为上的影响亦不能忽视。于是，请尼姑到家中诵经成为妇女在家表达其佛教信仰的另一种重要活动形式。

《警世通言》卷二十九《宿香亭张浩遇莺莺》中，惠寂尼姑常进出莺莺家，为其母李氏诵经。惠寂同时又是张浩家香火院的尼姑，进进出出，对于两个府上的人事颇为熟悉，因而从中为张浩与莺莺传情递信。"三言二拍"所载尼姑与豪门府上夫人、小姐交往事迹甚多，情形与此大体相仿。

不止豪门，一般家庭中也有延请尼姑诵经的。《拍案惊奇》卷六描写婺州贾秀才妻巫氏与街上观音观的赵尼交往甚多，赵尼常到巫氏家中走动，然而巫氏"一年也到不得庵里一两遭"。秀才不在家时，巫氏常留赵尼在家中作伴。平日巫氏只在家拜佛，"曾绣一幅观音大士，绣得庄严色相，俨然如生"，叫秀才装裱了，"取回来挂在一间洁净的房里，朝夕焚香供养"。直至一天，赵尼告诉巫氏，求子须求白衣观音，念诵《白衣经》，巫氏才想要赵尼请来一卷到家中念念。

可见，延请尼姑到家中念经的情形在不同阶层家庭的表现并不相同。虽然凌濛初在这一话本情节中有意强调巫氏居家门限之严、品性之端,而一般家庭请尼姑到家里念经的情况少于豪门富户,这也是定然的。不过,尽管发生频度不同,尼姑与豪门大户女眷的交往与她们同一般家庭妇女的交往并不存在实质性差别——都是因信仰之故,行闲暇交往之实。

再次,作为一种临时性的佛教空间类型,在家庭中进行的另一形式的佛教活动即是做道场,或曰做法会。"三言二拍"所载在家中布设道场的故事情节有两类:一类是为亡者追荐,一类是一般性的祈福消灾。

"生死事大,无常迅速",对逝者的追思、悼念,一方面是人性、人情本然之体现,另一方面也反映人们对于彼岸世界的思考。传统中国礼教有"事死如事生"之说,建构、演绎出一整套礼教仪式实践其说法,宗教仪式之意义大体与此相同。布设道场追荐亡故人,是宗教科仪之一,佛教、道教都有,这一点在"三言二拍"故事情节中也有体现。《古今小说》卷四《闲云庵阮三偿冤债》记述陈府小姐在阮三郎死后第三年入了阮家门,到阮三墓前拜祭之后，就请高僧设了水陆道场，追荐亡夫。《警世通言》卷三十五也载有一件类似的事，明宣德年间扬州府仪真县丘元吉壮年身亡，妻子邵氏立志守寡，闺门严谨。亡夫十周年时，邵氏因思念丈夫，托叔公丘大胜出面，请僧人在家中做了三昼夜的道场。自己只昼夜出来拈香礼拜。

至于祈福消灾，则多是由某一具体事件引发的。忧惧可能产生的恶果，因之恳请神灵佑护。具体情形大多是，或有亲友久出不归，盼其平安；或家人染恙，冀其平复、健康。

《古今小说》卷三十七有一例证：南朝齐明帝时，盱眙县乐安村有一黄姓财主，乐善好施，四十余岁才得一子。只是"这孩儿生下来，昼夜啼哭，乳也不肯吃。夫妻二人忧惶，求神祈佛，全然不验"。百般无奈之下，承管家提醒，黄氏夫妻请了光化寺的长老到家中为小儿做法。长老只言语几句，小孩儿即不啼哭。众人惊异，黄员外许诺"待周岁，送到上刹，寄名出家"。

相较在家中祈福或请人诵经，在家中办道场、做法事的有时可能由男性家长主持,但此类活动对于女性来说仍然是十分重要的。对于丧夫的妇女来说,不管是否由她出面经办,她总归是此类事件的主持者;而对于家里另有主事人的女性而言,即便不是主导者,她势必也是重要的参与人。因此将此视为与妇女有关的佛教活动并无不可。

上述诸情形均系就妇女参与的佛教活动而言,因为妇女参与佛教活动,接触僧尼,彼此往来渐多,随即便不可避免地产生一些拓展其生活空间的行为,诸如施舍化缘的云游僧人;供养寺院、尼庵,参与佛教以及公益设施的修造,乃至于与僧尼产生社交式的来往等。总而言之,上述行为,一方面体现在妇女参与佛教活动,另一方面在妇女生活史上更具意义的是,妇女通过佛教而延伸其社会交往的人脉和空间。

家庵

除了在家里供佛之外,"三言二拍"常叙及一些经济条件充裕的人家延请僧尼(以尼居多),开辟院落供养起来，同时也方便自家女眷供佛，这也就是所谓的"家庵"。显而易见，这种佛教空间也属于私人性质，不向社会开放的。

《拍案惊奇》卷三十四记述苏州府城有一豪家所造的功德庵，主事的王姓尼姑会写作、会刺绣、说话又颇得人心，大户女眷或到庵里就教，或请到家中来向她学习。"又不时有那来求子的，来做道场保禳灾悔的，他又去富贵人家及乡村妇女诱约到庵中作会"。这便是一典型的家庵运作的实际情形。前文引述的为张浩、莺莺两下做媒的惠寂，也是张家香火院的尼姑，同时也去李家府上诵经。

可见，家庵（功德庵、香火院）本身虽然是私有属性，同时也具有半公共空间的性质。施主对进出人群主要只限制男性，邻居的女眷可自由出入。而对尼姑正常的社会交游更是不限制，由此也能延伸出新的社会空间。

从受众群体的多寡来看，家庵算得上是普通家庭佛教空间之上的一种佛教空间类型。尽管如此，它毕竟不同于向全社会公众开放的寺庙、佛庵，相对而言，家庵的环境简单，活动较单一，主要还是以祈福、求子、布设小型道场为主。对于建有家庵的大户女眷来说，这就是她们平日进行佛教活动的主要空间，相当于一般妇女家庭内部的佛教空间。而对于邻居妇女而言，就近的家庵也为她们提供了一个新的活动空间。家庵中尼姑的行走范围，可以视为家庵的功能性辐射空间。

信仰活动这外，特别需要注意的是上文引例中苏州功德庵内教学刺绣以及庵中作会的情形。在这里，家庵俨然成为女性之间进行社会交往的一个专属公共空间。虽然以普通家庭为中心的佛教空间也可能存在妇女与尼姑的交往，然而这仅表现在具体行为上，无法落实到某一固定空间。家庵的活动方式不同于家庭，它可以吸引邻近妇女的参与，在一般的信仰活动之外，还延伸到了普通的社会生活领域，形成了一个性别取向明显的特定公共生活空间。

寺院、尼庵

这是向全社会开放的常设佛教信仰空间，在女性生活中最具普遍意义。

江南自三国初被佛化以后,在南朝出现了一个佛教发展的高峰。唐人句下所谓"南朝四百八十寺,多少楼台烟雨中",久已脍炙人口。当然再往后看,当时江南的佛教发展尚属有限。唐五代续有提高,并且出现了传承有绪的寺院,也还没有达到高峰。例如吴淞江流域的佛教发展到宋元时期才臻于极盛。明清以后,寺院分布的格局已基本上定型。这应该可以反映整个江南佛教发展的基本轨迹。

尽管明政府为维持风教、杜绝不法情事发生而经常颁布妇女入寺烧香的禁令,但从"三言二拍"中的描写来看,这些禁令完全形同虚设。"三言二拍"中此等例证为数甚多。除部分篇章将故事背景放在北宋,也有不少话本就直接将故事背景设置在明代。毫无疑问这些故事都反映了当时的社会实情。

冯梦龙还在其编述的《山歌》卷九"杂咏长歌"中专门收有一首《烧香娘娘》。这首民歌采用套曲的形式,讲述一个"春二三月暖洋洋,姐儿打扮去烧香"的故事。

一位以"女丈夫"自命的少妇,由于从小许下了穹窿山的香愿,不顾家公阻拦,尽管家里境况欠佳,各种行头都要跟别人借:

> 头上嵌珠子天鹅绒云髻,要借介一个,芙蓉锦绫子包头借介一方,兰花头玉簪要借一只,丁香环子借介一双,徐管家娘子有一个金镶玉观音押鬓,陈卖肉新妇有两只摘金桃个凤凰,张大姐有个涂金蝴蝶,李三阿妈借子点翠个螳螂,四个铜钱替我卖条红头绳扎子个螺蛳,饶星鹿角菜来刷刷个鬓傍,讨一圆香圆肥皂打打身上,拆拽介两根安息香熏熏个衣裳。

还要典当家什衣裳,"买停当子纸马牙香"。启程后乘船又坐轿,"先到穹窿山还子香愿,后到玄墓山看假山经堂;转来要到天池看看石殿,再到一云徐家坟上张张;还要看金山寺里坐关个和尚,天平山看范文正公个祠堂"。一路上对人情世态的刻画,堪称一幅活生生的风俗画。

入清后，妇女入寺烧香的禁令仍得以继续。虽然地方志中不乏"诗礼之家不观戏，不入寺观"之类的记载（《珠里小志》卷三《风俗》），但更普遍的情形则恰好相反。乾隆《长洲县志》卷十一《风俗》感慨："惟妇人多不事女红，又往往藉入庙烧香以浏览名胜，此则习之最陋。"以致江苏巡抚陈宏谋在苏州所立《风俗条约》中，有一条便是：

> 妇女礼处深闺，坐则垂帘，出必拥面，所以别嫌疑、杜窥伺也。何乃习于游荡，少妇艳妆抛头露面，绝无顾忌。或兜轿游山，或灯夕走月；甚至寺庙游观，烧香做会，跪听讲经，僧房道院，谈笑自如。又其甚者，三月下旬以宿神会为结缘，六月六日以翻经十次可转男身，七月晦日以点肉灯为求福，或宿山庙求子，或舍身于后殿寝宫，朔望供役，僧道款待，恶少围绕，本夫亲属恬不为怪。深为风俗之玷。

由此，陈氏提出要"出示庵观，有听从少年妇女入寺庙者，地方官即将僧道枷示庙门，仍拘夫男惩处"。但这一禁令并无效果。民国《吴县志》在岁时习俗中按时序记载了当地妇女的入寺烧香活动，正月、二月、三月、四月、六月、七月、八月、九月活动尤为频繁，该志叙岁首行为时概述："吴俗佞佛，岁首入庙烧香，必历十庙而止。"这显然是从明清以降便定型的风俗。

非独苏州一地为然。光绪《归安县志》卷十二《风俗》亦谓："湖俗信鬼神，好淫祀，每至春间，妇女不分老幼，俱艳妆入庙烧香。当事非不禁，此风竟不能止。皆由尼姑以轮回因果之说蛊惑妇女，日浸日渍，遂引诱出外，名为念佛，听经受戒，斋僧布施。其间白雀、道场二处香火尤盛。画船箫鼓，士女杂沓。"可见在明清的江南一带，入寺烧香是一种极为普遍的文化景观。

除了可设斋、求子、祈福，寺院、尼庵在传统时代还一直发挥着社会收容功能。弃婴、遗孤自不必说，妇女有难时前往投靠也是很自然的事。不过此种事例终究有限，在此可不置论。

庙会、香市

庙会指的是以寺庙为依托，在宗教节日前后举行的集信仰、娱乐与贸易为一体的大型全民性群体活动，亦称香市。佛教庙会的兴起由来已久，到明清时已发育得十分成熟，在江南形成了一个由不同层级佛教圣地构成的香汛空间体系。

清中叶周庄方志《贞丰拟乘》的一段记载对此有着清晰反映：

> 此间男女最崇香信，远则越海而至普陀，不避风波之险，外此如武当、三茅、九华、天竺等处，亦岁必至焉。若虎丘、元墓附近名山，不过资游览计耳。再或村姑里老，无力出乡，仅在马现庄、落霞浦野庙中，和南膜拜，作竟日之游，亦以为了却一年心事也。

从中可以看到，按照对周围辐射能力的强弱，明清江南的佛教名山大体可分为三级：位于顶层的是普陀山和杭州天竺山，它们对整个江南都有很强的吸引力；其次则是苏州虎丘、玄墓等区域性的名山，其影响力尺度稍小；最基层的则是各地的一些所谓"野庙"，仅对附近居民产生影响。

"三言"中并未出现与普陀山相关的佛教活动。"二拍"中出现两处，其中《二刻拍案惊奇》卷三十三《杨抽马甘请杖、富家郎浪受惊》的入话中只提及一句："成祖皇帝御笔亲差"姚广孝"到南海普陀落伽山进香"；而《初刻拍案惊奇》卷八《乌将军一饭必酬、陈大郎三人重会》则通篇以普陀山进香作为故事背景。其中写到主人公"陈大郎只为做亲了数年，并不曾生得男女，夫妻两个发心，要往南海普陀洛伽山观音大士处烧香求子"，是为故事缘起；到后来妻子走失，他在去普陀山进香后归途中与妻子重逢，自此年年去普陀进香。作者在交待进香理由时以主人公口吻说道：

> 今月十九日是观音菩萨生日，何不到彼进香还

愿?一来祈求观音报应;二来看些浙江景致,消遣闷怀,就便做些买卖。

可见其中是信仰、娱乐、买卖三位一体的。不过故事中看不出去普陀山进香的香客规模。王士性(1547—1598)的《广志绎》中有一条重要史料:

> 补陀大士道场,亦防汛之地,在海岸孤绝,与候涛山隔,旦晚两潮。近日香火顿兴,飞楼杰阁,巍然胜地。春时进香人以巨万计,舍赀如山,一步一拜,即妇女亦多渡海而往者。

此文内容颇为丰富,尤为可贵的是足以反映普陀山香汛在明中叶以后的发展。

与普陀山可成对比的是,杭州的天竺山自宋代以降就香火极旺。天竺山有三寺,就历史而言,下天竺最古,但就地位而言,最晚的上天竺反而最高。南宋时位居教院"五山十刹"之首,时人称之"钱塘上天竺,诸教寺之冠冕也"。到了明代，其香汛规模更是层楼更上。"三言二拍"中多处写到天竺进香之事，《醒世恒言》卷三《卖油郎独占花魁》的故事且以天竺一带为空间背景而展开。篇中写道："就中单说天竺寺，是观音大士的香火，有上天竺、中天竺、下天竺，三处香火俱盛。"《拍案惊奇》卷二十四《盐官邑老魔魅色、会骸山大士诛邪》的入话部分也写到天竺山的香火：

> 从来说观世音极灵，固然无处不显应，却是燕子矶的还是小可；香火之盛，莫如杭州三天竺。……三天竺中，又是上天竺为极盛。这天竺峰，在府城之西，西湖之南。登了此峰，西湖如亨，长江如带，地胜神灵，每年间人山人海，挨挤不开的。

至于清代，张岱《西湖梦寻》卷二记载：

> 时普陀路绝，天下进香者皆近就天竺，香火之盛，当甲东南。二月二十九日，男女宿山之多，殿

内外无下足处,与南海潮音寺正等。

普陀、天竺两地都是江南地区的佛教名胜之地。由这两个佛教信仰圣地产生的西湖香市和普陀香汛,是江南地区两大以朝拜观音为主的群体性庙会。《陶庵梦忆》卷七记载:

> 西湖香市,起于花朝,尽于端午,山东进香普陀者日至,嘉湖进香天竺者日至,至则与湖之人市言,故曰香市。然进香之人市于三天竺,市于岳王坟,市于湖心亭,市于陆宣公祠,无不市,而独凑集于昭庆寺。

花朝,即农历二月十五。从其延续时间之长,吸引信众地域之广(自山东而至嘉湖),足见其影响所及。

需要说明的是,普陀、天竺虽然其地位崇高,但对于普通妇女来说,前往朝香的频次其实有限。而那些就近分布的寺院、尼庵,才是普通妇女最常接触和最容易参与其中的佛教空间。

民国《吴县志》载,二月"十九日观音诞,僧尼建佛会,妇女炷香膜拜者尤众。自二月朔持斋至是日止,俗呼观音素。六月、九月亦如之。支硎是日开山,游人携酒食、载箫鼓,往来天平、灵岩诸山不绝"。这可以反映一种普遍的情形。

除了与观音相关的几个佛教节日,"三言二拍"中与庙会相关的另一时间信息是四月初八"佛诞日"。这条信息出现在《古今小说》之《闲云庵阮三偿冤债》中:四月初八佛诞日闲云庵布设道场,因陈府夫人舍钱为庵中造了圣像,尼姑因此邀请夫人、小姐在到庵中游玩,且特别安排:"因夫人小姐光临,各位施主人家,贫僧都预先回了。明日更无别人,千万早降。"闲云庵究竟是多大规模的庙宇,有多大的影响范围,小说文本中并无明确的表示,但"佛诞日庵中布设道场"且"有施主前往"是可以肯定的。

四月初八,是佛祖释迦牟尼诞生的日子,是佛教的一个重大节日,也称"龙华会"。江南各地方志普遍都有记载。寺院、尼庵在这一日通常办茹素斋会、传经之会，妇女相约到尼庵拜礼、祈求子息、还愿。

上述时间以外，一些传统节庆如新年、上元（正月十五），寺院、尼庵也会有一些庙会活动，社会群体参与十分广泛。

佛教与妇女生活

从性别的视角进行观察，佛教空间对于男性和女性的意义是大不相同的。

《初刻拍案惊奇》卷八交待了去普陀山进香的理由。作者以主人公口吻说道："今月十九日是观音菩萨生日，何不到彼进香还愿？一来祈求观音报应；二来看些浙江景致，消遣闷怀，就便做些买卖。"其中包涵三重意义：信仰、娱乐、做买卖。显而易见，这是从男性角度来说的。对于女性来说，做买卖一项显然要去掉，整个过程只有信仰和娱乐两方面内容。前述冯梦龙《山歌》中的《烧香娘娘》对此揭示得非常充分。

需要注意的是，在传统中国，儒家伦理要求妇女三从四德，大门不出、二门不迈。这些妇德规范虽然在现实生活中很多并不可行，特别是对于小户人家的妇女；然而明清时期汉族妇女普遍缠足，事实上，妇女的生活空间极为有限。很多妇女的活动空间基本上就只限于娘家、夫家两点之间，连走亲戚都极少。而朝山进香，给广大妇女特别是社会底层的妇女提供了一条扩大其生命空间的为数极少的正当途径。

《烧香娘娘》有一段描写了"女丈夫"的家公对她烧香的态度。本来，她家相当贫苦。丈夫听她说要去烧香，便阻拦道："娘呀，目下无柴少米，做生意咦介无赚处个孔方，春季屋钱要紧，米钱又无啥抵当。"他对于"算来要费介二钱个放光"（"放光"指白银）心疼不已，却也不能不承认"烧香虽则是个好事"。而正仗着这是个谁都不便阻拦的好事，"女丈夫"对其"家公"一口一句"天灾神祸""乌龟亡八"，还声称："打你大巴掌，谁许你胡言乱主张。我今立意要烧香。无状，再开言，教你满身青胖！"就这样，"姐儿凶似老虎，家公奔似山獐"。凭借宗教的力量,烧香对于女性扩大生活空间的意义由此可见一斑。

需要指出的是,江南的地理条件为妇女出游提供了得天独厚的优势。崇祯《嘉兴县志》在对"舟"进行描述时记载:"本地泽国,无所用车马,帆樯大小,惟所用之。"其中有一种,"舟子旧置香船听募,士民用以进香,或以游湖,亦名酒船。后改为香座,外似座船,内舱窗门可列可彻,以便置酒"。显然,这种看起来有点奢侈的设施,小户百姓在进香时一般也能利用。而这种便利,无疑是其他地区的居民享受不到的。

通过烧香,从狭小的个人生活空间,进入广阔而丰富的社会,这是传统社会中为数不多的有效扩大妇女生活空间的途径。

〈玖〉东西南北随缘路

地理环境与中国佛教宗派形态

佛教自公元前后传入中国，起先只在局部地区的社会上层传播。东晋五胡十六国时，突然向全国、全社会猛烈扩散。南北朝时蒸蒸日上，形成学派。隋唐时期如日中天，形成宗派。宋代以后，佛教内部缺乏新的发展，逐渐与传统文化相融合，成为中国传统文化的重要组成部分。

长期以来，关于中国佛教宗派的研究一直比较缺乏。近十余年才渐渐出现一些诸如中国佛教宗派通史之类的著作。但也是叙述其义理思想、介绍一些宗派祖师或祖庭为主。宗派，照一般想象其构成须具有某种独特的组织形态。然而，从具体的历史事实来看，中国佛教宗派的组织形态在不同地区其实存在着巨大的差异。这一点，在宗派初兴的隋唐时期就已经如此。

中国佛教的所谓宗派

汉语中的"宗"是一个语义十分含糊的词。汤用彤先生早在1930年代就注意到：汉文资料所谓"宗"其含义有二："一指宗旨之宗，即指学说或学派"；而"一指教派，即指有创始人、有传授者、有信徒、有教义、有教规之宗教团体"。他认为："隋唐以前中国佛教主要表现为学派之分歧，隋唐以后，各派争道统之风渐盛，乃有各种教派之竞起。"在《隋唐佛教史稿》中，他将当时的佛教宗派开列为九宗：三论宗、天台宗、法相宗、华严宗、戒律、禅宗、净土宗、真言宗、三阶教。为此他总结出佛教宗派的特质有三："一、教理阐明，独辟蹊径；

二、门户见深，入主出奴；三、时味说教，自夸承继道统。"

汤先生的看法对后来的学者产生了相当重要的影响。到目前为止，中国的佛教史学者对于中国佛教宗派的看法，或者祖述汤先生的观点，认为共有九宗；或者在其基础上将三阶教去掉，认为有八宗。如近年李利安教授主编的《中国汉传佛教八大宗派及其祖庭丛书》便包括三论宗、净土宗、密宗、唯识宗、律宗、华严宗、禅宗、天台宗八册。

台湾蓝吉富先生曾提出一些有针对性的意见。他认为："一个佛教宗派的形成，至少须具足下列条件：第一，须有特属于该宗的寺院。第二，在教义上，须有不同于一般佛教徒的独特体系。第三，该宗徒众及一般佛徒对该宗持有宗派及宗祖意识。"（《隋代佛教史论述》）

蓝吉富先生的这番意见无疑较上述汤先生的意见具体得多。尤其第一点、第三点。由此他认为："就宗派形态而言，赵宋时期中国佛教徒心目中的宗派，在隋代仅有信行的三阶教团够资格。至于智顗的天台山徒众，尽管已有具体而微的宗派形态，也具备了一个佛教宗派的坚固基础，然而却缺乏宗派意识。吉藏及其徒众更是如此。因此，就宗教意义而言，天台、三论二宗在隋代是并未成立的。至多只是一个具有系统与规模的学派而已。"

笔者不能不认为蓝吉富先生的讨论方式十分科学，所提出的三个条件也很有见地。但是其中的具体内容，笔者觉得似乎尚待商榷。这里面可分两个环节。

其一，从宗派成立条件来看，蓝先生提出的第一点"须有特属于该宗的寺院"，在隋唐时期未见得完全适用。"一寺一宗"，就宗派的发展而言自然十分有利，可是就其形成的过程来看，与其说它是佛教宗派的先决条件，毋宁说它是佛教宗派发展的结果。从大势判断，中国佛教"一寺一宗"现象的出现是很晚的事。以禅寺为例，"丛林"制度直到百丈怀海（720—814）才趋于完善，之前的四祖道信（580—651）、六祖慧能（638—713），都是住在律寺的。总不能说禅宗直到百丈怀海以后才算成立吧。

其二，问题的关键，笔者认为还在于宗派形态。其中既有时间的差异，也有空间的差异。仍以禅宗为例，唐前期、六祖慧能在韶州大梵寺演说《坛经》时的宗派形态，与宋代以后显然不是一回事。如果执着于以宋以前的宗派形态为标准，恐怕中国历史上存在过的佛教宗派多半都不能称之为宗派。

再以净土宗为例。汤用彤先生曾注意到："中国各宗均有净土之说，且弥陀弥勒崇拜实有不同。"其中，既"无统一之理论"，同时，南宋人编撰出来的净土七祖历史也"并无根据"，因而汤先生认为："净土是否为一教派实有问题。"他说，他在论述隋唐佛教宗派时将净土也列为一宗只是"为方便见"。由此他提出："可见中国各种教派之情形亦互异也。"

汤先生的见解是很富有启发意义的。既然"各种教派之情形亦互异"，无疑表明，各宗的宗派形态也就不可能均一。如此，在考虑中国佛教的宗派问题时，既要考虑某宗派是否称其为宗派，又须注意其宗派形态之间的差异。

佛教宗派的特征无疑有很多，汤用彤先生特别重视的是"传法定祖"问题。他说："佛教宗派之为教派，其标志之一，即自以为是传法之道统。"这一点堪称要害。佛教宗派之"宗"，实际上并非"宗旨"之宗，而是"宗族"之宗、"宗法"之宗。宗族的核心是祖宗、世系、血脉，翻译成佛家用语，便是祖师、法亲（法子法孙）、法脉。其要有二：一，谱系须完整；二，法脉须正统。只要群体中出现这一认知，就基本上可以判定该宗派已告形成。

然而即使宗派意识、道统观念，不同宗派间的差异也相当明显。中国佛教各宗中，只有天台宗、禅宗僧人编撰了系统的宗派史籍，这是很能够说明问题的。如果说这些史籍都还只是后人的追述，那么在唐人撰写的僧人墓碑中，详载传法次第、夸饰得法正统的，令人印象深刻的都是天台宗、禅宗、律宗的僧人。这些事实，反映了各宗派之间宗法性的强弱。

事实上，不只在宗派之间，同一宗派内部不同支系的宗派形态也颇有差异。在此以天台宗的情况加以说明。

天台宗的台岭系和玉泉系

天台宗作为一个宗派,其形成时代目前学界有不同意见。一般认为是由智者大师(538—597)开创的。

宋代《佛祖统纪》卷七记载天台宗传法谱系,智者大师以下是章安灌顶(561—632)→法华智威(?—689)→天宫慧威(634—713)→左溪玄朗(673—754)→荆溪湛然(711—782)。这些人都活动于天台山,史籍中亦称台岭,当然是天台宗的正宗。这一说法流行了千余年。

但是在中唐以前,天台宗并不具有这一世系。李华(715—766)撰《故左溪大师碑》,虽然有"智者传灌顶大师,灌顶传缙云威大师,缙云传东阳威大师、左溪是也"之说,但其后文还记载:"宏景禅师得天台法,居荆州当阳,传真禅师,俗谓兰若和尚是也。"明载当时天台宗有台岭、玉泉两大系派。

到了宋代,玉泉系完全湮没无闻。《佛祖统纪》卷二十四《佛祖世系表》在智者大师门下列有玉泉道悦、玉泉法偃、玉泉义邃、玉泉法才、玉泉法璨、玉泉行简、玉泉道势、玉泉法盛、玉泉法论、玉泉道慧、玉泉关王,另有当阳德抱、十住道臻,表明在智者大师的时代以玉泉为中心的荆州曾是天台宗的重要根据地,但仅此而已。章安门下便只列有玉泉道素,此后的玉泉真公竟"未详承嗣"。

现代研究者考证出,玉泉寺的天台法脉其实自成系统,其传法次第是:灌顶→道素(生卒年不详)→宏景(634—712)→惠真(673—751),此后又有承远(712—802)、法照(生卒年不详)。而且在唐中叶以前,其社会影响远较台岭一系大得多。台岭一系在智威、慧威、玄朗时期,前后约一百年,"明道若昧",直到荆溪湛然出,才"焕然中兴"(《宋高僧传》卷六《湛然传》)。而玉泉一系,恒景(宏景)"自天后中宗朝,三被诏入内供养,为受戒师"(《宋高僧传》卷五《恒景传》);惠真在当时也颇为知名,李华所撰墓碑谓其受戒不久即"名重京师"(《文苑英华》卷八百六十);承远、法照以弘念佛门而其名大著,后世被尊为净土宗祖师。故而有学者认为:"若非荆溪湛然(711—782)的崛起于世,使左溪一支焕然中兴,谁是天台的正传还难说呢。"

这里面就存在一个问题:既然玉泉系的声光在当时超过了台岭系,为何是台岭系而不是玉泉系发展成了天台宗的正宗?

也许有人会觉得,关键是台岭一系在湛然手上得以中兴,其实不然。据史料记载,湛然之后,台岭一系的传承仍"或显或晦"。道邃(生卒年不详)、广修(771—843)二世,不过"相继讲演,不坠素业"而已;此后经历"会昌之厄,教卷散亡",物外(813—885)、元琇(生卒年不详)、清竦(生卒年不详)三师"唯传止观之道";到义寂(919—987)时,"赖吴越王求遗书于海东",此后才有宋初天台宗的再度"中兴"(《佛祖统纪》卷八)。可见,玉泉一系未能成为天台宗正宗,并不是因为台岭一系比它更强。它们之间其实并不存在竞争关系。玉泉系真正的问题在于:它的宗风并未得以延续。

相关学者都已经注意到,玉泉系的天台法脉与北宗禅、律宗、净土宗的关系非常密切。有人认为这是为了求得互相融通。但麻烦就在于：这种兼习各宗思想的做法与宗派的形成和发展是背道而驰的。从宗派的立场，它需要的是独辟蹊径，而不是互融；它追求的应该是"入主出奴"，而不是在各宗之间兼收并蓄。台岭一系在其声光晦黯之时也能"不坠素业""唯传止观之道"，表现了很强的宗派性。而玉泉一系所重视的禅、律、净土虽然也都是智者思想体系中的组成部分，却似乎并没有一本智者遗教。于是乎，恒景、惠真以戒律著称，承远、法照以念佛闻名，而止观法门意识日渐淡漠。在恒景、惠真的传记中，还能分别远追智者、灌顶。到了承远的碑文中，便只提惠真、法照。而法照的传记中，竟丝毫看不出与天台宗的止观法门有何关系。可以说，玉泉系传承到惠真以下，便不好再算天台宗的法脉了。

况且，从地理上看，承远虽然在玉泉山求学过，他的主要活动地点在南岳衡山；法照更是与玉泉不存在任何空间上的联系，其主要活动地点在衡山、五台山。因此，无论看弘传法门，还是其活动地域，承远、法照都不应再被视为天台宗法脉。严格地讲，天台宗在玉泉山到惠真为止便失传了。

曾有人注意到"唐以后的玉泉寺传承，逐渐为禅宗取代"，其依据是："宋代重修玉泉寺,并改名为'景德禅寺',知其已失去天台传承。"实际上,这一判断的前提是不能成立的。虽然史料中记载,玉泉寺的修建和赐额都有智者大师的功劳(《国清百录》卷二),但它从来就不是天台宗的专属寺院,而是一个开放性的弘法场所。事实上,非但玉泉寺,就连天台寺(后正式赐额国清寺),智者生前都不敢有将其建成专属寺院的打算,他在给晋王杨广的《重述还天台书》中写道:"政言天台营理本拟十方,安立僧徒,非专为己。"(《国清百录》卷三)到唐初,弘忍去世(675)后,神秀以禅宗传人的身份而籍隶玉泉。可见玉泉寺在那以前对宗派并不具备排他性。就是说,玉泉寺一直未能成为天台宗发展的一个稳固基地。这与天台山的状况形成强烈反差。

从以上所述不难看出,相对于台岭系,天台宗的玉泉系一直不具备严格的宗派形态。这应该是中国佛教宗派发展早期带有普遍性的一种状况。

地理环境的影响

玉泉山和天台山按今天的地理观念都属于南方。然而在唐代，它们之间地理环境的差异远甚于今日。

在唐人的地理观念中，玉泉山所在的荆州属山南东道。此地在先秦时曾为楚国疆域的核心，因而仍有人称之为"南国"，但地处长江以北，其居民在南北朝时已基本上完成了汉化。此时中原人对其已有相当亲切的地理认知。宋之问（656？—712）曾在一次北归途中写下一首《渡汉江》，诗中很著名的两句云："近乡情更怯，不敢问来人。"韩愈（768—824）的《自袁州还京行次安陆，先寄随州周员外》也有一联描写其从南方回到今湖北省境时的心情："面犹含瘴色，眼已见华风。"这些都表明唐人已将这一带视为与中原无异的华夏文化的领地。

而天台山则不然。该地在隋代属括州；唐代属台州，隶江南东道。江南东道在唐中叶以后，由于接受了大量的因"安史之乱"而引发的北方移民，其经济文化获得飞速发展，迅速崛起为全国首屈一指的财富之区、与关中并驾齐驱的文化重地。但江南东道的发达主要以太湖流域为中心，其冠冕在苏、杭；至于宁绍平原以南的东南沿海丘陵山区，其开发程度一直有限。李频（818？—876）的《送台州唐兴陈明府》诗描述台州一带："见说海西隅，山川与俗殊。"一幅处于中华文化边缘地带的样子。

迥然不同的社会状况，偏偏其地理区位和交通条件也大不一样。荆州距两京较近，南北向有直达两京的全国陆路干线，东西向又有沟通吴、楚、蜀地的长江，可谓四通八达，交通非常方便。而台州相当闭塞，其地理位置十分偏僻，上引李频诗下文谓："宦游如不到，仙分即应无。"可见其对外联系之困难。据入唐日本僧人圆珍《行历抄》所记唐后期的交通状况，该地到宁绍平原的剡县需走三天，到京城走大运河水路约需两个月。

社会、交通状况既如此有别，佛教宗派的发育自然呈现出差异。荆州地处要冲，玉泉寺对外交流十分频繁。上述玉泉系传人中行迹可考的恒景、惠真其籍贯分别为附近的当阳、南阳，都有到京师求学的经历，其律学渊源来自北方的南山律宗。承远来自长江上游，本为蜀人，原系禅僧成都唐公、资州诜公弟子。而禅僧神秀本为汴州（今属河南）人，入住玉泉前来自长江下游的蕲州。即此可见玉泉寺的开放性。

而与此相对照的是，台岭虽然偶尔也有个别来自外地的僧人，但其僧人籍贯一直以江东、尤其台州及其附近数州为主。这一趋势从隋到五代越来越明显。中坚人物智威为缙云（属括州）人，慧威、玄朗为东阳（属婺州）人，湛然为荆溪（属常州）人，道邃不详，广修为东阳人，物外为侯官（属福州）人，元琇、清竦均为天台人，义寂为永嘉（属温州）人。而且这一干人除荆溪外，其他人的经历都非常简单，都只在台岭修学、讲演相继。宜乎荆溪为中兴之祖。而即便荆溪，其活动范围

九　东西南北随缘路

也不过越州、苏州、常州，足迹不出江东一步。

以一群地理经验广阔、阅历丰富的僧人，处在一个交通便利的开放性环境，与穷乡僻壤中一群当地僧人矻矻独造，所形成的宗风如果说不出现鲜明反差，那才真是一个不可思议的结果。显而易见，开放性环境使人不可避免地受时代风气的影响，而闭塞环境更有利于文化的长期传承。就是说，玉泉系虽然能在唐前期显赫于一时，但地理环境使得台岭而不是玉泉成为天台宗不绝如缕、晦而复明的根据地。

与此情况相类似的是禅宗。禅宗在五祖弘忍以后分而为"南能北秀"，北秀及其弟子以玉泉、嵩岳、两京一带为中心，声势之盛，南宗不能望其项背；然而正是慧能一系，延续而成为禅宗的正宗。慧能及其弟子所处的今湘、赣、粤丘陵山区，其地理环境与天台绝相类，在当时都处在华夏文化分布的边缘。

与此相类似的还有律宗。律宗分布很广泛，其重心一直在北方，但碑传中号称"由其坛场而出者为得正法"的在南岳衡山（柳宗元《南岳般舟和尚第二碑并序》）。

无疑,律宗在衡山一带的发展也形成了很强的宗派性。

再联系到近世以来中国世俗社会的宗族,南方的发达程度远甚于北方。这中间的原因,显然是值得深思的。

主要参考文献

《辩证论》,〔唐〕法琳撰,《大正藏》本。
《出三藏记集》,〔梁〕僧祐撰,《大正藏》本。
《东京梦华录》,〔宋〕孟元老撰,中国商业出版社1982年版。
《法苑珠林》,〔唐〕道世撰,《碛砂藏》本。
《佛祖统纪》,〔宋〕志磐撰,《大正藏》本。
《高僧传》,〔梁〕慧皎撰,汤用彤校注,中华书局1992年版。
《古清凉传》,〔唐〕慧祥撰,《大正藏》本。
《广弘明集》,〔唐〕道宣撰,碛砂藏本。
《广清凉传》,〔宋〕延一编,《大正藏》本。
《弘明集》,〔南朝梁〕僧祐撰,碛砂藏本。
《后汉书》,〔南朝宋〕范晔撰,中华书局标点本。
《集神州三宝感通录》,〔唐〕道宣撰,《大正藏》本。
《洛阳伽蓝记校释》,〔东魏〕杨衒之撰,周祖谟校释,中华书局

1963年版。

《全上古三代秦汉三国六朝文》，〔清〕严可均校辑，中华书局1958年版。

《全唐诗》，上海古籍出版社1986年版。

《全唐文》，上海古籍出版社1990年版。

《入唐求法巡礼行记》，〔日〕圆仁撰，顾承甫、何泉达点校，上海古籍出版社1986年版。

《三国志》，〔晋〕陈寿撰，中华书局标点本。

《世说新语笺疏》，〔南朝宋〕刘义庆撰，余嘉锡笺疏，上海古籍出版社1993年版。

《水经注》，〔北魏〕郦道元撰，巴蜀书社影印长沙王氏合校本。

《宋高僧传》，〔宋〕赞宁撰，中华书局1987年版。

《太平广记》，〔宋〕李昉撰，文渊阁四库全书本。

《魏书》，〔北齐〕魏收撰，中华书局标点本。

《文苑英华》，〔宋〕李昉等编，中华书局1966年版。

《武林旧事》，〔宋〕周密撰，中国商业出版社1982年版。

《西厢记》，〔元〕王实甫撰，王季思校注，上海古籍出版社1978年版。

《续高僧传》，〔唐〕道宣撰，《大正藏》本。

《续齐谐记》，〔南朝梁〕吴均撰，文渊阁四库全书本。

《酉阳杂俎》，〔唐〕段成式撰，《丛书集成》本。

《中国大百科全书·考古学》，中国大百科全书出版社1986年版。

《巴中石窟》，巴中市文管所、成都市文物考古研究所编，巴蜀书社2003年版。

《汉化佛教与佛寺》，白化文著，北京出版社2003年版。

《行历抄校注》，白化文、李鼎霞校注，花山文艺出版社2004年版。

《佛组真容——中国石窟寺探秘》，常青著，四川教育出版社1996年版。

《隋唐佛学与中国文学》，陈引驰著，百花洲文艺出版社2002年版。

《唐音佛教辨思录》，陈允吉著，上海古籍出版社1988年版。

《国清寺志》，丁天魁主编，华东师范大学出版社1995年版。

《甘肃石窟寺》，董玉祥著，甘肃教育出版社1999年版。

《中国佛教旅游》，范能船著，上海书店1991年版。

《明清文人话本研究》，傅承洲著，人民文学出版社2009年版。

《陇东石窟》，甘肃省文物工作队等著，文物出版社1987年版。

《中国佛教》，高振农编著，上海社会科学院出版社1986年版。

《隋唐长安城佛寺研究》，龚国强著，文物出版社2006年版。

《天台止观の研究》，关口真大著，岩波书店1969年版。

《广元石窟》，广元皇泽寺、成都市文物考古研究所编，巴蜀书社2002年版。

《龟兹石窟》，韩翔等著，新疆大学出版社1990年版。

《印度到中国新疆的佛教艺术》，贾应逸、祁小山著，甘肃教育出版社2002年版。

《佛经传译与中古文学思潮》，蒋述卓著，江西人民出版社1990年版。

《中国石窟雕刻艺术史》，荆三林著，人民美术出版社1988年版。

《中国佛教百科全书·宗派卷》，赖永海著，上海古籍出版社2000年版。

《隋代佛教史论述》，蓝吉富著，台湾商务印书馆1998年版。

《唐代佛教地理研究》，李映辉著，湖南大学出版社2004年版。

《北朝晚期石窟寺研究》，李裕群著，文物出版社2003年版。

《古代石窟》，李裕群著，文物出版社2003年版。

《隋代佛教窟龛研究》，梁银景著，文物出版社2004年版。

《中国的石窟》，刘策、余增德编著，上海文化出版社1997年版。

《中国西南石窟艺术》，刘长久著，四川人民出版社1998年版。

《中国天台宗通史》，潘桂明、吴忠伟著，江苏古籍出版社2001年版。

《中国汉传佛教礼仪》，圣凯著，宗教文化出版社2001年版。

《中国石窟寺研究》，宿白著，文物出版社1996年版。

《隋唐佛教史稿》，汤用彤著，中华书局1982年版。

《中国古代寺院生活》，王景琳著，陕西人民出版社2002年版。

《普陀洛迦山志》，王连胜主编，上海古籍出版社1999年版。

《中国石窟与文化艺术》，温玉成著，上海人民美术出版社1993年版。

《汉唐之间的宗教艺术与考古》，巫泓主编，文物出版社2000年版。

《中国5—10世纪的寺院经济》，谢和耐著，上海古籍出版社2004年版。

《许政扬文存》，许政扬著，中华书局1984年版。

《中国石窟艺术总论》，阎文儒著，广西师范大学出版社2003年版。

《隋唐佛教宗派研究》，颜尚文著，台北新文丰出版公司1980年版。

《汉唐美术考古与佛教艺术》，杨泓著，科学出版社2000年版。

《美术考古半世纪》，杨泓著，文物出版社1997年版。

《五台山旅游指南》，杨玉潭等著，山西人民出版社1985年版。

《中国宗教名胜事典》，袁一峰等著，上海人民出版社1996年版。

《汉唐佛寺文化史》，张弓著，中国社会科学出版社1997年版。

《佛学与隋唐社会》，张国刚著，河北人民出版社2002年版。

《上海宗教通览》，张化著，上海古籍出版社2004年版。

《九华山史话》，张轼、杨玉华著，中国文史出版社1996年版。

《中国文学史》，章培恒、骆玉明主编，复旦大学出版社2004年版。

《中国四大佛山》，郑石平等著，上海文化出版社1985年版。

《法苑谈丛》，周叔迦著，中国佛教协会1985年版。

《中国古典园林史》,周维权著,清华大学出版社1999年版。
《中华天台宗通史》,朱峰鳌、韦彦铎著,宗教文化出版社2001年版。

图书在版编目（CIP）数据

寺院映现的中国/张伟然著.-上海：上海文艺出版社.2019.7
（九说中国）
ISBN 978-7-5321-7177-4
Ⅰ.①寺… Ⅱ.①张… Ⅲ.①寺院－介绍－中国
Ⅳ.①K928.75
中国版本图书馆CIP数据核字(2019)第102583号

发 行 人：陈　徵
策 划 人：孙　晶
责任编辑：胡曦露
封面设计：胡斌工作室

书　　名：寺院映现的中国
作　　者：张伟然
出　　版：上海世纪出版集团　上海文艺出版社
地　　址：上海绍兴路7号　200020
发　　行：上海文艺出版社发行中心发行
　　　　　上海市绍兴路50号　200020　www.ewen.co
印　　刷：山东临沂新华印刷物流集团有限责任公司
开　　本：787×1168　1/32
印　　张：11.5
插　　页：2
字　　数：247,000
印　　次：2019年7月第1版　2019年7月第1次印刷
ＩＳＢＮ：978-7-5321-7177-4/G・0233
定　　价：30.00元
告 读 者：如发现本书有质量问题请与印刷厂质量科联系　T:0539-2925888